Richard Lohmann

Bootskonstruktion, Bootsbau, Bootstypen (1922)

Richard Lohmann

Bootskonstruktion, Bootsbau, Bootstypen (1922)

ISBN/EAN: 9783867417242

Auflage: 1
Erscheinungsjahr: 2011
Erscheinungsort: Bremen, Deutschland

© Europäischer Hochschulverlag GmbH & Co KG, Fahrenheitstr. 1, 28359 Bremen (www.eh-verlag.de). Alle Rechte beim Verlag und bei den jeweiligen Lizenzgebern.

Bei diesem Titel handelt es sich um den Nachdruck eines historischen, lange vergriffenen Buches. Da elektronische Druckvorlagen für diese Titel nicht existieren, musste auf alte Vorlagen zurückgegriffen werden. Hieraus zwangsläufig resultierende Qualitätsverluste bitten wir zu entschuldigen.

Bootskonstruktion
Bootsbau ❖ Bootstypen

Eine Einführung in das Wesen von Segelboot und Segeljacht und eine Anleitung zum Verständnis der Konstruktion

Von

Dr. **Richard Lohmann**

2. Auflage

BERLIN 1922

Inhaltsverzeichnis

	Seite
Einleitung	11

I. Die Konstruktionszeichnung
1. Einrichtungsplan und Bauzeichnung 13
2. Der Linienriß 15
3. Der Segelriß 20
4. Berechnungen 22

II. Der Bau des Bootes
1. Das Skelett 31
2. Die Außenhaut 32
3. Deck und Einbauten 35
4. Die Takelage 36

III. Anleitung zum Selbstbau
1. Vorbemerkung 37
2. Die Scharpie 38
   a) Ein 10 qm-Boot 38
   b) Kielunten und Kieloben 45
   c) Ein 5 qm-Boot 47
3. Die Schipjack 56
4. Spieren und Beschläge 62
5. Das Werkzeug 66

IV. Bootstypen
1. Geschichtlicher Überblick 71
2. Das Unterwasserschiff 77
3. Bug- und Heckformen 87
4. Takelungsformen 91

V. Die Segelflotte der Gegenwart
1. Vorbemerkung 95
2. Das Schwertboot 97
   a) Das Wesen des Schwertbootes 97
   b) Die Gig 100
   c) Die Jolle 102
   d) Der Jollenkreuzer 106
3. Die Kieljacht 109
   a) Das Wesen des Kielbootes 109
   b) Das Nachmittagsboot 113
   c) Die Rennjacht 115
   d) Der Kreuzer 117

Vorwort

Die vorliegende Einführung in das Wesen des modernen Segelbootes, in Konstruktion, Bau und Typen, ist gleich dem vor Jahresfrist veröffentlichten „Unterricht im Segeln" aus meinen Lichtbildervorträgen herausgewachsen, die ich im Winter 1916 und 1917 im Berliner Museum für Meereskunde gehalten habe. Sie soll in erster Linie den Anfänger zur Beschäftigung mit der Theorie und Praxis des Bootsbaues anregen und ihm einen ersten summarischen Überblick über die Entwicklung des modernen Bootes und seine wichtigsten Typen vermitteln. Sie ist ganz gewiß alles andere eher als erschöpfend, aber sie will durch den Überblick über das Ganze und durch das Streifen von Einzelfragen zu eigenem Nachdenken und Nachprobieren anreizen. Das Kapitel vom Selbstbau, das auf allereigensten Erfahrungen beruht, dürfte auch erfahrenere Segler interessieren ebenso wie manche Einzelheit in anderen Abschnitten, die über den engeren Rahmen des Handbuches für Anfänger hinausweist.

Daß alle theoretischen Erörterungen grundsätzlich vom kleinen Boot ausgehen und sich, wenn irgend möglich, darauf beschränken, bedarf heute wohl keiner besonderen Rechtfertigung mehr. Das Interesse, das die Seglerwelt meinem gerade in dieser Hinsicht eigene Wege wandelnden „Unterricht im Segeln" entgegengebracht hat, scheint es mir zu beweisen.

Berlin, im September 1921.

Dr. Richard Lohmann.

Einleitung

Es liegt in der Natur eines jeden Sports, daß sich der Kämpfer nicht auf die praktische Ausübung beschränkt, sondern daß er sich auch mit der Waffe, mit ihrem Wesen und ihrer Gestaltung beschäftigt. Dies erfordert ein um so größeres Spezialstudium, eine um so größere Vertrautheit mit technischen Problemen, je feiner und komplizierter der Mechanismus dieser sportlichen Waffe ist. Und hierin dürfte das Segelboot von keinem anderen sportlichen Material übertroffen werden — auch nicht vom Motorboot, mit dem es den Doppelmechanismus des Fahrzeuges auf der einen Seite und des Antriebs auf der anderen gemeinsam hat, dem es aber durch die Probleme, die die krängende Wirkung des Windes umfaßt, an Kompliziertheit noch erheblich überlegen ist.

Bei keinem anderen Sport ist also die theoretische Einführung in das Wesen des sportlichen Materials so schwierig wie beim Segelsport, und doch scheint gerade diese Schwierigkeit besonders zu locken. Wer sich einmal mit den konstruktiven und bautechnischen Problemen beschäftigt hat, den läßt es in der Regel nicht wieder los, er wird zum eifrigen Tüftler und Grübler, verfolgt die Zeichnungen erfolgreicher und weniger erfolgreicher Boote, die in der Fachpresse veröffentlicht werden, versucht sich selbst an der Lösung bestimmter Fragen, wird wohl gar zu einem Amateur-Konstrukteur eines eigenen Bootes. Auch hiergegen ist schließlich nichts einzuwenden, wenn auch in den meisten Fällen dieses selbst entworfene Boot um so besser wird, je weniger es Aussicht hat, tatsächlich gebaut zu werden.

Die Beschäftigung mit konstruktiven Problemen, die wir jedem Segler aufs wärmste empfehlen und für die auch die Blätter dieses Buches werben möchten, soll keineswegs den Konstrukteur ausschalten oder ersetzen. Gerade derjenige, der die verwirrende Fülle der Gesichte auf diesem Gebiete erlebt und erkannt hat, wird sich von dem überheblichen Gedanken freiwissen, daß die zeichnerische Darstellung eines guten Bootes eine einfache Sache sei, die „man" auch könne. Die handwerksmäßige Herrichtung eines Bootsrisses kann man lernen, sie sollte jeder praktische Segler kennen; aber wie beim Segeln selbst, so gibt es auch hier so unendlich Vieles, das der handwerksmäßigen oder rechnerischen oder rein technischen Erfassung spottet, daß eben der Künstlerblick und die Künstlerhand des geborenen Konstrukteurs dazu gehören, um das handwerksmäßig Fehlerlose in das Gebiet des Vollkommenen zu erheben. Man erkennt diese Tatsache am besten, wenn man die vielen Boote betrachtet, die „nach berühmten Mustern" gezeichnet und gebaut worden sind. Obgleich der Nachahmer hier meist die Idee ohne Skrupel zu übernehmen pflegt und „nur" an Kleinigkeiten herumändert, sind die Eigenschaften des Originals im Nachbau gewöhnlich schlechterdings nicht mehr zu erkennen. Wirklich gute Boote sind Kunstwerke, die man nicht mit rein handwerksmäßigen Mitteln kopieren kann, ohne zugleich ihr Wesen zu vernichten.

Wenn wir uns also hier mit den Elementen der Boots- und Jachtkonstruktion beschäftigen, so geschieht es nicht deshalb, um unserem Sport neue Konstrukteure zu gewinnen, sondern gute Segler. Wer die kleinen Schmerzen und die großen Leiden seines Bootes kennen will, muß seine Linien kennen, muß wissen, wo deren empfindliche Stellen liegen, in welchen Trimmlagen unerwünschte Formen zu Wasser kommen usw. Darum sollte sich auch schon der Anfänger in unserem Sport systematisch im Lesen von Rissen üben, sollte sich keine Gelegenheit entgehen lassen, um durch den Vergleich verwandter Boote das Auge für typische Linien, für das Selbstverständliche und für das Besondere zu schärfen. Dem Anfänger gilt die nachstehende Einführung in das Wesen der Bootskonstruktion, wobei wir — unserer Gewohnheit entsprechend — vom kleinen Boot, von der Jolle ausgehen.

1. Die Konstruktionszeichnung

1. Einrichtungsplan und Bauzeichnung

Der vollständige Riß eines kleinen Bootes enthält Linienriß, Bauzeichnung und Segelriß. Solange man vom Wesen der Linien und von dem Einfluß einer bestimmten Linienführung auf die Eigenschaften des Bootes nichts oder blutwenig versteht, pflegt man sich auf das Betrachten der Bauzeichnung (der Seitenansicht und des Decksplans) sowie des Segelrisses zu beschränken. Und man tut gut daran. Denn diese stellen den Körper des Bootes dar und sind auf jeder Zeichnung auch für den Anfänger unschwer zu verstehen — weit leichter jedenfalls als die „Linien", in denen sich die Seele des Bootes ausprägt.

Die Bauzeichnung (vgl. Abb. 1) besteht aus drei Teilen: der Seitenansicht, dem Decksplan und dem Hauptspant.

In der Seitenansicht denkt man sich das schwimmende Boot der Länge nach in der Mitte aufgeschnitten. Alle Teile, die man hierbei selbst der Länge nach aufschneiden würde, werden weiß oder in Holzmaserung angelegt; alle Teile, die hierbei überquer (über Hirnholz) getroffen werden, sind schwarz dargestellt. Alles, was durch den Schnitt nicht unmittelbar berührt wird, was man in dem aufgeschnittenen Boot gewissermaßen nur aus der Ferne sieht, bleibt selbstverständlich weiß. Zu dem letzteren gehören beispielsweise die sichtbare Backbord-Reling[*], die Spanten, der

---

[*] In Deutschland stellt man die Boote in der Zeichnung grundsätzlich mit dem Steven nach rechts, und es ist dringend zu wünschen, daß dieser Brauch einheitlich beibehalten wird, da sonst ein Vergleich zwischen mehreren Rissen außerordentlich erschwert wird.

Balkweger usw. Die der Länge nach aufgeschnittenen Teile sind in der Hauptsache Kiel, Steven, Schwertkasten, Spiegelknie. Schwarz gezeichnet werden, weil sie überquer durch den Schnitt getroffen werden, das Deck, der Spiegel, die Bodenwrangen. Die Decksbalken sind dort, wo sie vom Schnitt getroffen werden, schwarz, dort, wo man sie in der Projektion sieht, weiß.

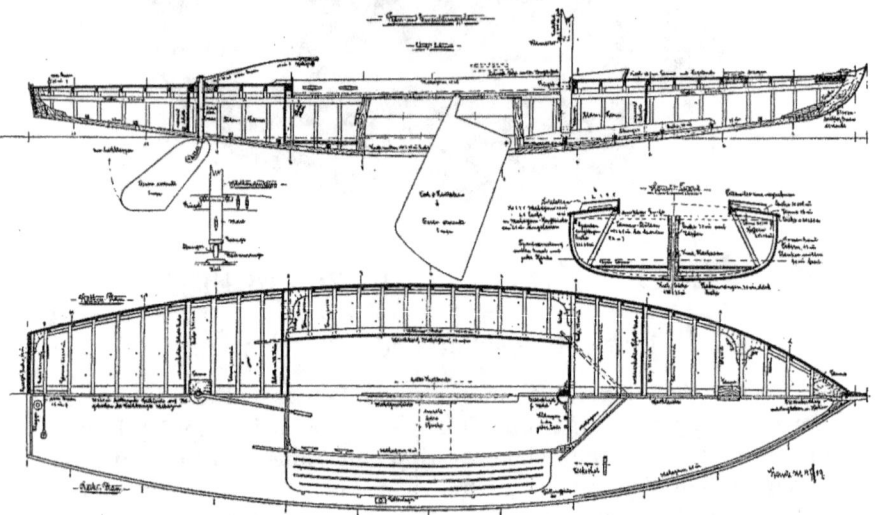

Abb. 1. Bauzeichnung einer Jolle. (Entwurf von C. E. Heymann.)
Maßstab 1 : 60. Länge ü. A. 7,00 m, gr. Breite 1,76 m,
Länge C. W. L. 3,95 m, Breite C. W. L. 1,64 m.

Das unter oder neben die Seitenansicht gesetzte **Hauptspant** stellt den Querschnitt des Bootes an der breitesten Stelle dar. Häufig ist auch in der linken Hälfte dieser Spantzeichnung der Hauptschnitt, in der rechten Hälfte ein anderer, besonders cha-

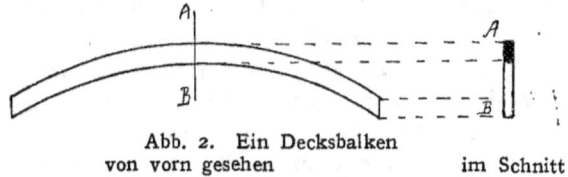

Abb. 2. Ein Decksbalken
von vorn gesehen   im Schnitt

rakteristischer Schnitt dargestellt (etwa durch das Vorschiff beim Mast). Hinsichtlich der zeichnerischen Darstellung gilt hier dasselbe, was eben für den Längsschnitt gesagt war. Es sind also jetzt Außenhaut und Kiel schwarz angelegt, ebenso der Balkweger und der Fußboden; Spanten und Bodenwrangen bleiben dagegen hier weiß, weil sie ja der Länge nach durchschnitten gedacht sind.

In dieses Hauptspant (Bauspant) werden nun alle hier irgendwie erkennbaren Bootsteile in ihren Abmessungen für die Bauwerft genau festgelegt. Wir lesen hier beispielsweise bei der Außenhaut: Gabun 8, beim Spant: Esche 20×30 usw. Wo keine Maßeinheit angegeben ist, sind immer Millimeter gemeint, z. B. beim Kiel 150 × 35 = 15 cm × 3½ cm. Nur diejenigen Abmessungen, die man hier im Hauptspant nicht geben kann, werden in der Seitenansicht oder im Decksplan eingetragen, in der Seitenansicht namentlich Ruder, Schwert, Maststärke, Abmessungen von Steven und Spiegel usw.

Der Decksplan gibt die Draufsicht des Bootes. Hier wird in der Regel auf Steuerbord das fertig gedeckte Boot, von oben gesehen, dargestellt, während die Backbordseite die Ansicht des Bootes vor dem Aufplanken des Decks wiedergibt, weil man auf diese Weise hier die Decksbalken und Decksversteifungen, den Balkweger von oben gesehen und den Spantquerschnitt zeigen kann. Die Spanten selbst und die Bodenwrangen, die man ja von rechtswegen bei dieser Draufsicht auch in voller Länge sehen müßte, läßt man bisweilen der Übersichtlichkeit halber ganz oder teilweise fort.

2. Der Linienriss

Die im Bauplan wiedergegebenen Schnitte legen nur die rohen Umrisse des Bootes fest. Die eigentliche Form wird durch ein dreifaches System von Schnitten bestimmt, die im Linienriß dargestellt sind. Das hier (Abb. 3) wiedergegebene Boot ist beispiels-

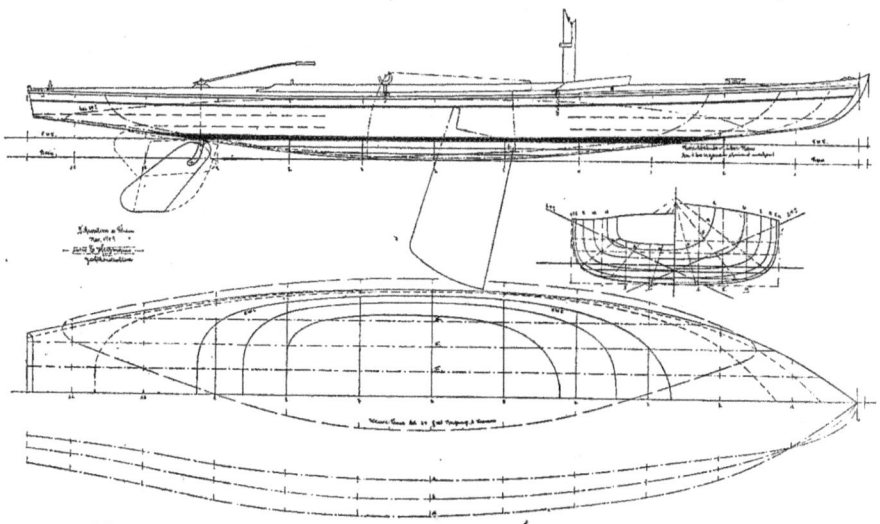

Abb. 3. Linienriß der in Abb. 1 wiedergegebenen Jolle. Maßstab 1 : 60.

weise zunächst durch 11 Querschnitte geteilt, die, vom Steven beginnend, in Abständen von 60 cm quer durch das Boot gelegt sind. Diese Schnitte erscheinen naturgemäß in der (oben dargestellten) Seitenansicht und in der Draufsicht (obere Hälfte der unteren Darstellung) als gerade Linien. Wo die Schnitte hier unter Wasser liegen, sind die Linien ausgezogen, über Wasser punktiert. Jeder dieser einzelnen 11 Schnitte ist nun im Spantenriß dargestellt, und zwar das Hauptspant sowohl in der linken wie in der rechten Hälfte (hier links nur punktiert, bisweilen wird es beiderseitig ausgezeichnet, bisweilen auch nur auf einer Seite angegeben). Die Spanten (Querschnitte) 1—6 (vom Schnitt 0,60 m hinter Vorderkante Steven beginnend, bis zum Hauptspant, 3,60 m vom Steven entfernt) sind in der rechten Hälfte des Spantenrisses eingetragen. Wenn man also einige ergänzende Phantasie besitzt, so sieht man auf dieser Seite das halbe Boot gewissermaßen von vorn, vom Steven aus, bis zur Stelle seiner größten Breite.

Umgekehrt sieht man links dann das Boot vom Spiegel aus, wieder bis zur größten Breite. Denn hier sind die Spanten 7—11 und der Spiegel eingetragen.

In diesem Spantenriß sieht man nun noch eine große Zahl gerader Linien, die ihrerseits wieder Schnitte darstellen. Und zwar ist das Boot zunächst horizontal, parallel der Wasseroberfläche zerschnitten gedacht, und zwar unter Wasser, wo die Linien natürlich am wichtigsten sind und schon die kleinsten Ungenauigkeiten sich deutlich fühlbar machen können, in ganz engen Abständen von je nur 5 cm. Da das Boot nicht ganz 15 cm tief taucht, so ergibt dies außer der Wasserlinie selbst, die im Spantenriß durch ihr Hinausragen rechts und links deutlich hervorgehoben ist, noch 2 Schnitte, 5 und 10 cm unter der Wasserlinie. Über Wasser sind noch 2 (punktiert gezeichnete) Schnitte 10 und 20 cm oberhalb C. W. L. (C. W. L. = Construktions-Wasser-Linie) eingetragen. Alle diese Schnitte erscheinen im Spantenriß, wie gesagt, als gerade Linien, und ebenso natürlich in der Seitenansicht des Bootes. Die eigentliche Form dieser Schnitte, der Wasserlinien, erkennt man in der Draufsicht des Bootes, wo sie als Kurven erscheinen; die C. W. L. selbst, auf der das Boot (ohne Mannschaft) schwimmen soll, und die anderen Wasserlinien (die Schnitte unter Wasser) sind ausgezeichnet, die Schnitte über Wasser punktiert.

Es gilt nun, die Querschnitte (Spanten) mit den Längsschnitten (Wasserlinien) zu vergleichen, ihre inneren Beziehungen zu erkennen. Man kommt am leichtesten dazu, wenn man die Wasserlinien nach dem Spantenriß zu konstruieren unternimmt. Der

Anfänger paust zu diesem Zweck nur den Umriß (Deckstrak) des Bootes und versucht, in diesen Plan die Wasserlinien selbständig, lediglich aus dem Spantenriß heraus, einzuzeichnen. Wie weit dies möglich ist und wie es gemacht wird, mag an der C. W. L. erläutert werden.

Spant 1 und 2 liegen völlig über Wasser, sie kommen also für die Konstruktion der Wasserlinie nicht in Betracht. Erst Spant 3 wird im Spantenriß von der Wasserlinie geschnitten.

Wir greifen nun aus dem Spantenriß den Abstand des Schnittpunktes der C. W. L. mit diesem Spant 3 von der Mittellinie ab und tragen dieses Maß in unseren Plan an der für Spant 3 vorgesehenen Stelle, also 30 mm hinter Vorderkante Steven ein (da die Zeichnung im Maßstab 1 : 60 gehalten ist, so entsprechen 10 mm der Zeichnung den 60 cm Spantentfernung in natürlicher Größe, die wir festgestellt hatten). Damit haben wir den 1. Punkt der C. W. L. festgelegt, und wir wiederholen dies für alle übrigen Spanten, die im Bereich der C. W. L. liegen, also bis Spant 9. Dadurch erhalten wir in Abständen von je 10 mm (= 60 cm in der Wirklichkeit) 7 Punkte, durch die die C. W. L. gehen muß. Mit Hilfe einer Straklatte (oder schlimmstenfalls eines als Ersatz dienenden schmiegsamen Streifens Pappe) ziehen wir eine gleichmäßig verlaufende Kurve, die diese Punkte sämtlich miteinander verbindet. Damit hätten wir die vollständige C. W. L., wenn — wir ihren Anfang und ihr Ende wüßten.

Den Beginn der Wasserlinie können wir aber aus dem Spantenriß allein ebensowenig entnehmen wie den Punkt, an dem achtern die Wasserlinie endet. Beide ersieht man vielmehr ohne Schwierigkeit aus der Seitenansicht des Bootes. Damit hat man aber noch nicht die Form der Kurve von diesem Punkte bis zu dem aus dem Spantenriß abgegriffenen ersten Schnittpunkte mit Spant 3 (und das entsprechende Stück achtern). Hierfür müßte man sich einige Hilfsspanten in engeren Abständen einzeichnen und an diesen die Breite der Wasserlinie an den betreffenden Punkten abgreifen. Das ist natürlich bei einer in so kleinem Maßstabe gehaltenen Zeichnung nicht möglich. Es wäre aber auch bei entsprechender Vergrößerung des Spantenrisses nur ein Akt der Willkür, wenn man hierbei nicht die übrigen Schnitte, die im Linienriß enthalten sind, zur Kontrolle heranzöge.

Um nämlich die Sicherheit zu haben, daß das Boot wirklich „strakt", das heißt, daß nicht etwa durch unharmonische Linienführung der Spantkurven Beulen oder hohle Stellen in dem so entstehenden Schiffsrumpf vorkommen, werden noch zwei andere Schnittsysteme in dem Konstruktionsriß dargestellt. Einmal wird das Boot in Ergänzung der horizontalen Längsschnitte (Wasserlinien) durch vertikale Längsschnitte (kurzweg „Schnitte" genannt) aufgeteilt. Diese Schnitte erscheinen also im Spantenriß als senkrecht verlaufende (hier strichpunktierte) Linien, im Wasserlinienriß als Parallele zur Mittellinie des Schiffes und in der Seitenansicht als Kurven. Den richtigen Verlauf der Linien kann man kontrollieren, indem man die Schnittpunkte, die diese Schnitte etwa mit der C. W. L. bilden, mit den entsprechenden Punkten im Spanten- und Wasserlinienriß vergleicht.

Außer diesen vertikalen Schnitten legt man nun im Spantenriß noch eine Reihe schräger Schnitte („Senten") durch das ganze Schiff. Diese Schnitte läßt man meist strahlenförmig von vorn und achtern aus verlaufen und sorgt dafür, daß sie besonders kritische Stellen der Spanten, also vor allem die Kimm oder eine starke Steigung treffen. Der Verlauf dieser Senten wird in der Regel unterhalb des Wasserlinienrisses, bezogen auf die Mittellinie dieses Kurvensystems, dargestellt. In unserem Falle sieht man hier drei außerordentlich harmonisch verlaufende Kurven.

Wenn man noch ein übriges tun will, so legt man zu dem allen noch einen Schnitt an, auf dem das leere Boot bei einem bestimmten Krängungswinkel (in unserem Beispiel 24°) schwimmen würde. Diese „geneigte Wasserlinie" wird in den Wasserlinienriß eingezeichnet, im Spantenriß erscheint sie als gerade Linie, die beim Hauptspant ungefähr Oberkante Planken erreicht. Der praktische Wert dieser Linie ist für Boote normalen Typs verhältnismäßig gering. Denn auf ihr schwimmt das Boot am Winde nur bei flotter Brise, also in entsprechend schneller Fahrt. Dann aber schwimmt es eben nicht mehr auf dieser konstruierten Linie, sondern auf einer wesentlich davon abweichenden, die außer durch den lebenden Ballast auch noch durch das Fahrtmoment verändert ist. Wertvoll ist diese Linie aber natürlich bei Booten, die nach dem Willen ihres Konstrukteurs in der Regel in geneigter Lage gesegelt werden sollen. Hierüber wird weiter unten noch zu sprechen sein.

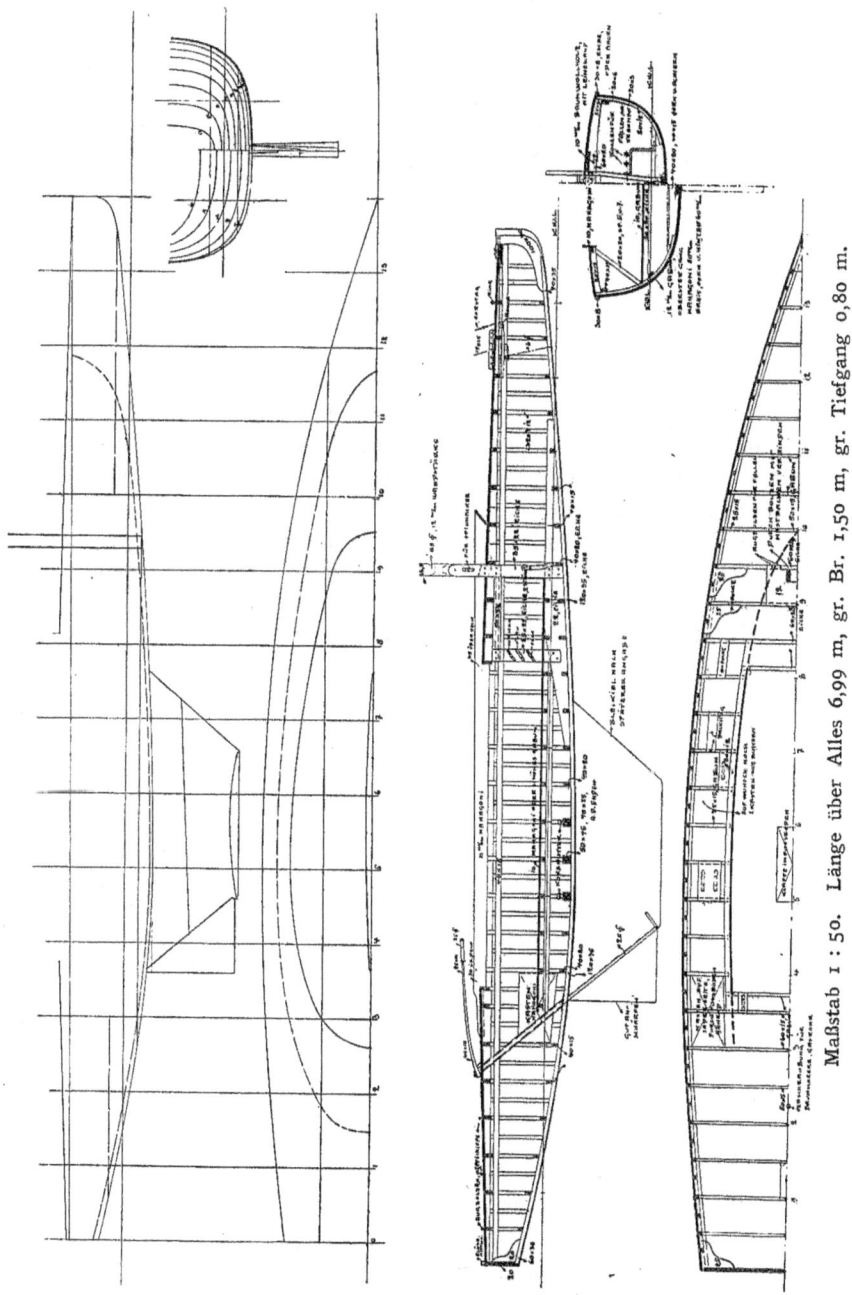

Abb. 4. Linienriß und Bauplan einer Kieljacht. (Entwurf von A. Harms.)

3. Der Segelriss

Das Verständnis des Segelrisses dürfte auch beim Anfänger den geringsten Schwierigkeiten begegnen. Es wird hier die Am-Wind-Segelfläche dargestellt, wobei möglichst auch die Führung der Falls und der Schoten sowie die Abstagung des Mastes (Takelriß) erkennbar sein soll. Der Segelriß vermittelt am klarsten den Eindruck, den das Boot auf dem Wasser machen wird, und man pflegt dies noch dadurch deutlicher zu veranschaulichen, daß man den ungewollten und auch in Wirklichkeit nicht vorhandenen hochbordigen Eindruck einer reinen Seitenansicht durch Absatzstreifen unter Oberkante Deck und durch Andeutung des Unterwasseranstriches herabmindert.

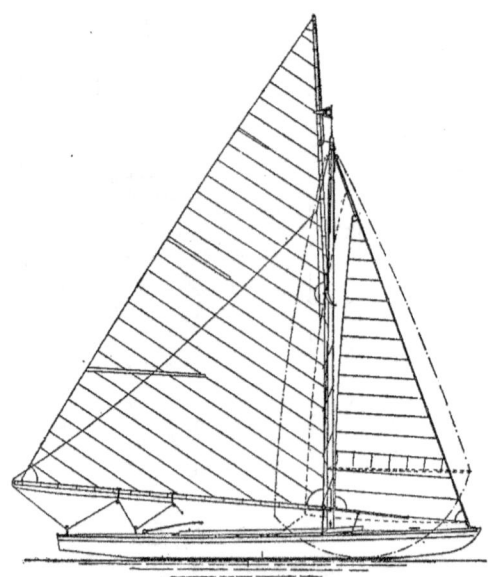

Abb. 5. Segelriß der Jolle aus Abb. 1 und 3. Maßstab 1 : 120. Großsegel 20,2 qm, Vorsegel △ 6 qm.

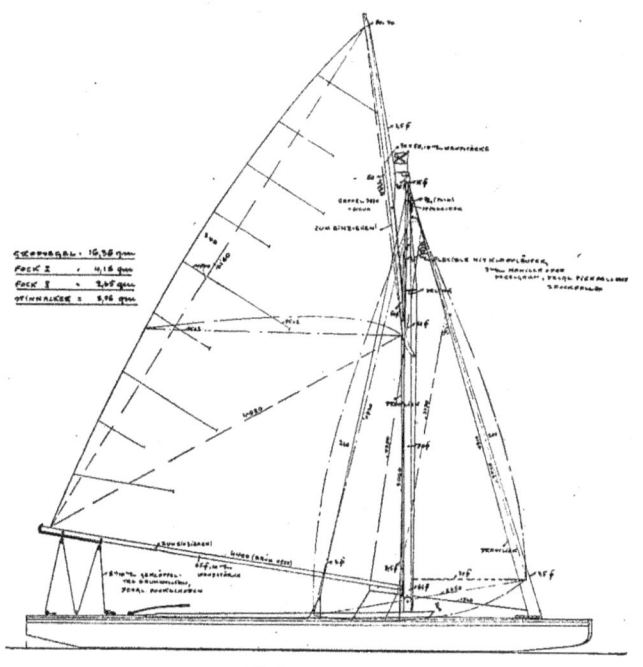

Maßstab 1 : 90.
Abb. 6. Segelriß der Kieljacht aus Abb. 4.

Die Beisegel, Ballon und Spinnaker, werden punktiert in den Segelriß eingetragen.

Gewöhnlich erhält der Segelmacher noch eine besondere Zeichnung mit der erforderlichen Rundung der Lieken, in die auch die für ihn wichtigsten Maße eingetragen sind, da manche Segelmacher sonst gern dem künftigen „Reck" des Segels einen etwas gar zu großen Spielraum zu geben pflegen, so daß das Segel wesentlich kleiner als beabsichtigt ausfällt. (Rennboote erhalten heute in der Regel sogleich ihr „volles" Segel, das dann nach eingetretenem Recken durch Abschneiden verkleinert wird.) Bisweilen sind die wichtigsten Maße des Segels, die Diagonalen und die Länge der Lieken auch gleich in den Segelriß eingetragen, bisweilen auch eine Kurve, die den „Bauch" des Segels angibt (Abb. 4). Alle Einzelheiten, die irgendwie vom Normalen abweichen, also besondere Querschnitte der Spieren usw. werden durch Detailzeichnungen erläutert. Wenn die Spieren, wie jetzt allgemein üblich, nach beiden Enden hin verjüngt werden, so pflegt man mindestens drei Querschnitte (z. B. 80 $\varnothing$ = 8 cm Durchmesser) anzugeben, ebenso wird der Durchmesser des Mastes mindestens an Deck, an der Gaffelklau und im Top angegeben.

4. Berechnungen

Wenn der praktische Segler auch selbst nicht „unter die Konstrukteure gehen" will, so interessiert ihn doch die Frage: Wie entsteht nun eigentlich ein Bootsriß auf dem Reißbrett des Konstrukteurs? Bei aller Anerkennung des Künstlertums möchte er doch die handwerksmäßige Technik kennen, möchte vor allem die Frage beantwortet wissen, ob der Konstrukteur von der Theorie oder von der Praxis, von der Linie oder von der Berechnung ausgeht.

Bei dem komplizierten Prozeß, den jedes Werden eines Kunstwerkes, auch eines Bootsrisses, in sich schließt, sind die Fragen nicht klipp und klar zu beantworten. Der echte Konstrukteur „arbeitet" unausgesetzt an seinen Zeichnungen, auch wenn er beobachtend einer Wettfahrt folgt, wenn er am Ufer stehend Boote unter Segeln sieht, wenn er selbst ein Boot eintrimmt, ja, sogar, wenn er „nur zum Vergnügen" segelt. Dieses Moment praktischer Beobachtung überhebt ihn natürlich nicht der Notwendigkeit rechnerischer Versuche. Aber mit dem Rechnen allein ist, wie gesagt, im Sportbootbau wenig zu machen.

Praktisch wird sich der Vorgang auch in der Regel so abspielen, daß der Konstrukteur von der Skizze ausgeht, daß er je nach Gewohnheit und Erwägung entweder ein paar Spanten oder Decksumriß und Wasserlinie oder den Kielstrak zunächst probeweise „hinlegt" und dann mit den Rechnungen beginnt. Erfahrene Konstrukteure werden z. B. den Spantenriß 1 : 1 (in natürlicher Größe) eines kleineren Bootes entwerfen können und hierbei das ganze Boot mit all seinen Linien so lebendig vor ihrem Auge sehen, daß die spätere Nachprüfung des Deplacements oder der Schwerpunkte gar keine oder nur ganz geringe Korrekturen erfordert.

Die Berechnung des Deplacements ist selbstverständlich für jedes Boot unerläßlich. Bekanntlich verdrängt ein schwimmender Körper eine Wassermenge, die dem eigenen Gewicht des Körpers gleich ist. Wenn also das zu bauende Boot 500 kg schwer sein soll, so muß die vom Unterwasserschiff verdrängte Menge des Wassers gleichfalls 500 kg wiegen. Oder anders ausgedrückt: derjenige Körper, der durch die von der C. W. L. umschlossene Ebene und die Außenhaut des Unterwasserschiffs begrenzt wird, muß 500 Kubikdezimeter (Liter) = $\frac{1}{2}$ cbm groß sein. Zur Berechnung eines solchen unregelmäßigen Körpers, der wie hier von einer Ebene und von einer gewölbten unregelmäßigen Fläche begrenzt wird, bedient man sich der Simpsonschen Annäherungsformel (,,Simpsonsche Regel''). Man teilt zu diesem Zwecke die Längsachse des Unterwasserschiffs in eine beliebig große, aber gerade Anzahl gleicher Teile (mindestens 6, besser 8 und mehr) und konstruiert für jeden der entstandenen 5 oder 7 usw. Teilpunkte das entsprechende Spant.

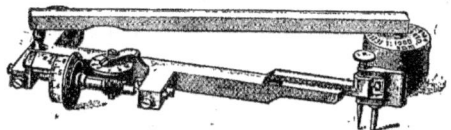

Abb. 7. Polarplanimeter von Coradi, Zürich.

Wenn wir die (,,Unterwasser'')-Spantflächen dann der Reihe nach mit Sp_1, Sp_2 usw., die Teilstrecke (Spantentfernung) mit e bezeichnen, so ist der Rauminhalt des Unterwasserschiffes

$$J = \frac{e}{3}(Sp_1 + 4\,Sp_2 + 2\,Sp_3 + 4\,Sp_4 + Sp_5)$$

oder bei 7 Teilpunkten

$$J = \frac{e}{3}(Sp_1 + 4\,Sp_2 + 2\,Sp_3 + 4\,Sp_4 + 2\,Sp_5 + 4\,Sp_6 + Sp_7)$$

Die Spantfläche selbst ermittelt der Berufskonstrukteur durch Umfahren mit dem Planimeter, einem feinsinnig konstruierten Meßinstrument, bei dem die umfahrene Fläche, gleichviel welcher Gestalt, jederzeit sofort abzulesen ist.

Man kann aber natürlich auch diese Fläche mit Hilfe der Simpsonschen Formel errechnen. Für den Amateur genügt unter Umständen auch eine noch rohere Berechnung, die die Spanthälfte in ein Dreieck und ein Segment zerlegt:

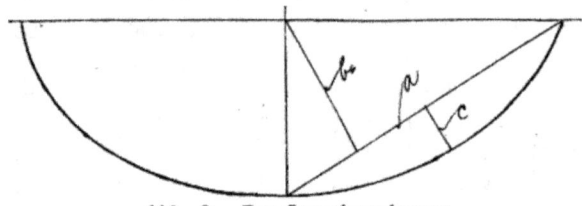

Abb. 8. Zur Spantberechnung.

und mit Hilfe der Annäherungsformel für Segmente, die u. a. auch bei der gerundeten Achterliek von Segeln angewandt wird, das gesamte Spant als $2 \cdot \left(\dfrac{a \cdot b}{2} + \dfrac{2}{3} ac\right) = 4 a \cdot \left(\dfrac{b}{4} + \dfrac{c}{3}\right)$ auffaßt.*)

Der Deplacementsberechnung steht die Gewichtsberechnung des Bootes gegenüber. Das Deplacement richtet sich ja nach dem mutmaßlichen Gewicht des Bootes — mutmaßlich, denn bei dem ungleichmäßigen Gewicht der Hölzer kann man immer nur ein durchschnittliches spezifisches Gewicht für jede Holzart zugrunde legen.**) Eine genaue Gewichtsberechnung ist eine etwas lang-

---

*) Im Vorschiff von Schwertbooten wird der Spantabschnitt unter Umständen ein geradliniges Dreieck und entsprechend leicht zu berechnen sein.

**) Es seien hier die spezifischen Gewichte für einige wichtige Materialien zusammengestellt:

Blei	11,37	Eiche	0,85	durchschnittlich
Eisen	7,88	Sapeli-Mahagoni	0,75	,,
Kupfer	8,95	Tabasko-Mahagoni	0,56	,,
Messing	7,8—9,5	Kiefer	0,50	,,
Aluminium	2,67	Fichte (Tanne)	0,45	,,
		Gabun	0,35	,,
		Spruce	0,30	,,
		Baumwollholz	0,25	,,

Daß man zur Bestimmung des Gewichtes eines Körpers sein Volumen mit dem spezifischen Gewicht multiplizieren muß, dürfen wir wohl als bekannt voraussetzen.

Es seien nur noch die Formeln für das Volumen der häufigsten Körper angefügt: Parallelepiped (z. B. jedes geradseitig begrenzte Brett) Länge × Breite × Dicke, Zylinder $r^2 \pi h$ (auch für volle Masten und Spieren anwendbar, wenn man den durchschnittlichen Radius zugrunde legt). Für hohle Spieren (Röhren) bei einer Wandstärke w: $\pi h w (2r - w)$. (π für Überschlagsrechnungen = 3,1).

wierige Sache, da man natürlich jedes einzelne Stück besonders berechnen muß: Außenhaut, Spanten, Deck, Fußboden, Einbauten, Schwert, Ruder, Spieren, Segel, Tauwerk usw. Der erfahrene Konstrukteur hat hier gewisse Durchschnittsgewichte für bestimmte Bootstypen zur Hand, die ihm die Rechnung bisweilen ersparen oder zum mindesten erleichtern.

Noch schwieriger ist aus dem eben angeführten Grunde die Berechnung des System- (Gewichts-) Schwerpunktes des Bootes, von dem die Trimmlage abhängt. Der Systemschwerpunkt ist der Schwerpunkt für das Gesamtgewicht des Bootskörpers. Ihn findet man, indem man die Schwerpunkte jedes einzelnen Bootsteiles ermittelt und aufeinander bezieht. Also als Beispiel: Man geht vom Ruderschwerpunkt aus und bezieht zunächst Ruder und Steven aufeinander: Die Entfernung des Gesamtschwerpunkts der beiden vom Ruderschwerpunkt findet man dann durch die Rechnung $\dfrac{e \cdot \text{Stevengewicht}}{\text{Rudergewicht} + \text{Stevengewicht}}$, wobei e die Entfernung des Stevenschwerpunkts vom Ruderschwerpunkt bedeutet. Entsprechend verfährt man dann mit dem Schwerpunkt der Außenhaut, die man auf den neu gewonnenen Schwerpunkt bezieht usw. Für eine Überschlagsberechnung wird man hier allerhand Vereinfachungen vornehmen und sich mit Annäherungswerten begnügen können. Gleichwohl ist auch dann eine solche Berechnung des Gewichts- oder Systemschwerpunkts eine recht zeitraubende Sache.

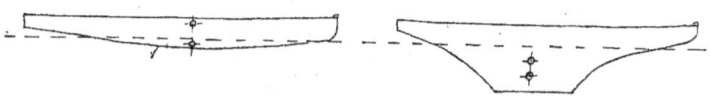

Abb. 9. System- und Deplacementsschwerpunkt beim Schwertboot und bei der Kieljacht.

Das Boot wird richtig trimmen, wenn der Systemschwerpunkt über oder unter dem Deplacementsschwerpunkt liegt. Den Deplacementsschwerpunkt kann man am leichtesten experimentell feststellen, indem man das Unterwasserschiff in Pappe ausschneidet und durch Balancieren auf einer Stecknadelspitze diejenige Stelle ausfindig macht, auf der das Pappstück im Gleichgewicht ruht. Man kann auch diesen Punkt natürlich analog den bisher besprochenen rechnerisch finden.

Wenn die Berechnung der Schwerpunkte eine mathematisch exakte Sache wäre, so gäbe es nicht so viele Boote und Jachten, die anders zu Wasser liegen, als der Konstrukteur es beabsichtigt hatte. Bei großen Jachten wird aber, weil auch bei sehr sorgfältiger Berechnung die verschiedenen Gewichte der Hölzer einen Strich durch diese Rechnung machen können, regelmäßig ein kleiner Teil des Ballastes als sog. „Trimmballast" vorläufig zurückbehalten; er wird dann je nach Bedarf weiter nach vorn oder nach achtern gelagert, um die erwünschte Trimmlage herzustellen. Denn der Verdrängungsschwerpunkt läßt es sich natürlich nicht gefallen, daß er etwa nicht genau senkrecht unter dem Systemschwerpunkt liegen soll, sondern er wandert in natura ganz von selbst an die ihm gesetzmäßig zugewiesene Stelle und nimmt das ganze Boot dabei mit sich, so daß es plötzlich „auf der Nase" oder „auf dem Heck" liegt. Bei Schwertbooten läßt sich ein geringer Fehler in der Trimmlage durch den lebenden Ballast ausgleichen. Boote, die stark auf dem Heck liegen, sind allerdings in der Regel unrettbar „vermanscht", weil der Steuermann nicht beliebig weit nach vorn rücken kann. Der Konstrukteur legt hier deshalb den vermutlichen Systemschwerpunkt lieber ein ganz klein wenig vor den Deplacementsschwerpunkt, weil das Boot dann schlimmstenfalls etwas auf der Nase liegt, was der zweite Mann leicht dadurch ausgleicht, daß er etwas nach achtern rutscht — was ihm ja bei derbem Seegang gar nicht unerwünscht ist.

Für die Segeleigenschaften eines Bootes kommen nun noch zwei wichtige Schwerpunkte und ihre Lage zueinander in Betracht, von denen bisher noch nicht die Rede war: Der Lateralschwerpunkt und der Segelschwerpunkt. Der Lateralschwerpunkt ist der Schwerpunkt des gesamten sog. Lateralplans (Unterwasser-Seitenplans) eines Bootes, also der Projektion des Unterwasserschiffs einschließlich des Ruders und des Schwertes oder Kiels, die beide sogar den größten Einfluß auf die Lage des Lateralschwerpunktes ausüben. Um ihn zu finden, bestimmen wir also zunächst wieder experimentell die Lage des Schwerpunktes des Unterwasserschiffs, sodann die des Schwertes und beziehen beide aufeinander, um dadurch den Gesamtschwerpunkt dieser beiden Flächen zu erhalten. Wir können natürlich auch ein Modell des Unterwasserschiffes einschließlich des Schwertes (oder Kiels) herstellen und den Schwerpunkt auf einmal experimentell ausfindig machen, da ja hier, wo es sich nur um die Fläche handelt, die Verschiedenartigkeit des Materials nichts ausmacht. Wenn das Ruder unmittelbar an das Unterwasserschiff anschließt, kann man sogar dieses gleich noch mit einbeziehen und erspart sich

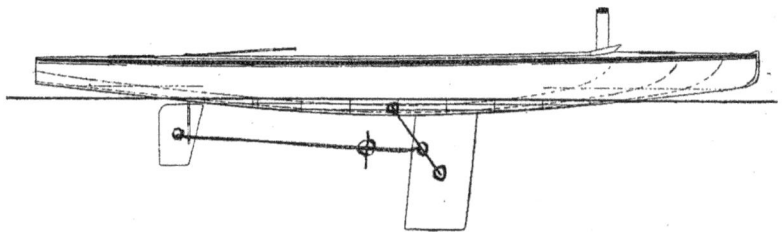

Abb. 10. Berechnung des Lateralschwerpunktes beim Schwertboot.

dann jede Rechnung. Andernfalls bestimmt man den Ruderschwerpunkt für sich durch das Experiment und findet dann den Gesamtschwerpunkt, indem man die Fläche des Ruders mit der Entfernung des Ruderschwerpunkts vom Schwerpunkt des Unterwasserschiffs multipliziert und durch die Summe der Flächen von Ruder + Unterwasserschiff dividiert. Der Quotient ergibt dann die Entfernung des Gesamtschwerpunkts vom Schwerpunkt des Unterwasserschiffs (auf der Strecke, die die beiden Schwerpunkte miteinander verbindet).

Beispiel: Fläche des Ruders 0,1 qm, Fläche des Unterwasserschiffs einschl. Schwert 0,65 qm, Entfernung der beiden Schwerpunkte 2,50 m. Entfernung des Gesamtschwerpunkts vom Schwerpunkt des Unterwasserschiffs $= \dfrac{0,1 \cdot 2,5}{0,1 + 0,65} = 0,33$ m.

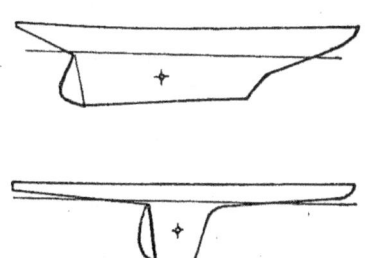

Abb. 11. Lateralschwerpunkt beim Kielboot.

Der Segelschwerpunkt ist derjenige Punkt, in dem wir uns die gesamte Kraft des Windes angreifend denken können. Der Schwerpunkt eines normalen Gaffelsegels wird am einfachsten folgendermaßen ermittelt.

Man zieht die beiden Diagonalen und trägt das kürzere Stück der Diagonale AC von A aus auf AC ab bis zum Punkte E. Auf diese Weise erhält man ein Dreieck DEB, dessen Schwerpunkt mit dem des Vierecks ABCD identisch ist. Man braucht jetzt also nur etwa EB und BD zu halbieren, der Schnittpunkt der beiden Mittellinien ist dann der Schwerpunkt des Segels — bis auf das durch die Rundung

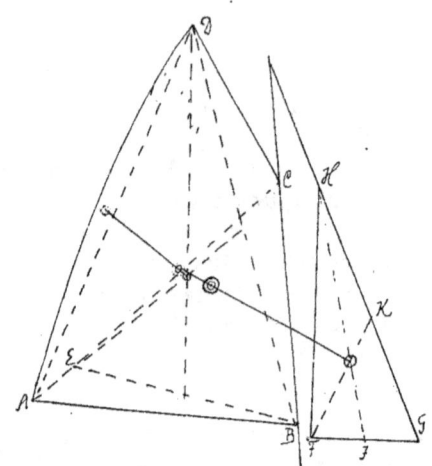

Abb. 12. Berechnung des Segelschwerpunktes.

des Achterlieks gebildete Segment, das den Schwerpunkt nur um weniges verschiebt, wie man leicht feststellen kann, wenn man den Schwerpunkt des Segments mit dem eben ermittelten Schwerpunkt in Beziehung bringt, wie wir dies oben bereits wiederholt dargelegt haben. Auch für die Feststellung des Gesamtschwerpunkts von Fock und Großsegel wenden wir dasselbe Prinzip an.

Beispiel: Wir haben den Gesamtschwerpunkt des Großsegels und der Fock ermittelt, letzteres indem wir die Mittellinien H I und F K gezogen haben. Entfernung der beiden Schwerpunkte 3 m. Fläche des Großsegels 15 qm, Fläche des Vorsegels 5 qm. Die Entfernung des Gesamtschwerpunkts vom Schwerpunkt des Großsegels wird gefunden durch die Gleichung

$$e = \frac{5 \cdot 3}{5 + 15} = 0{,}75 \text{ m}$$

Im Segelschwerpunkt greift die Kraft des Windes an (der Segeldruck), im Lateralschwerpunkt die sich der seitlichen Abtrift*) entgegenstemmende Trägheit des Wassers, der Seitenwiderstand. Es versteht sich von selbst, daß das Boot nur dann ohne Nachhilfe des Ruders geradeaus segeln wird, wenn die beiden Schwerpunkte übereinander (in der Draufsicht also nebeneinander) liegen. Liegt wie in Abb. 13 der Segelschwerpunkt hinter dem Lateralschwerpunkt, so entsteht ein Drehmoment in dem angegebenen Sinne: Das Boot ist luvgierig. Bei entgegengesetzter Lagerung der beiden Schwerpunkte ist das Boot also leegierig.

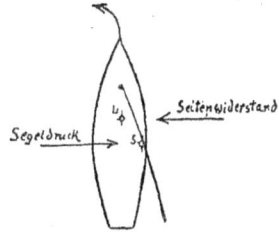

Abb. 13. Segel- und Lateralschwerpunkt.

Es erscheint dem Anfänger als die selbstverständlichste Sache von der Welt, daß der Konstrukteur diese beiden Schwerpunkte nur übereinanderzulegen brauchte, um ein tadellos ausbalanciertes Schiff zu erhalten. Aber die Sache ist trotzdem äußerst kompliziert, weil die beiden Schwerpunkte während der Fahrt nicht festliegen. Durch den am Segel entlang strömenden Wind, der den unmittelbaren Druck im hinteren Teile des Segels schwächer macht als im vorderen, wird der Segelschwerpunkt nach vorn geschoben. Diese unliebsame Wirkung wird um so geringer sein, je besser das Segel durch seinen parabolischen Schnitt dafür sorgt, daß die hinteren Partien des Segels in einem spitzeren Winkel zum Winde stehen als die vorderen, also trotz des Windpolsters, das sich hier bildet, härter angefaßt werden.

Während die moderne Segeltechnik der Abwanderung des Segelschwerpunkts nach vorn einen gewissen Damm vorgeschoben hat, ist sie anderseits der aus den gleichen Gründen erfolgenden Verschiebung des Lateralschwerpunktes gegenüber machtlos geblieben. Das liegt in der Natur der Sache. Je schneller das Boot fährt, um so kräftiger wird es das Wasser zunächst seiner Außenhaut mit sich reißen, um so schwächer wird der Widerstand des gegen stark bewegtes Wasser drückenden Achterschiffes sein, um so mehr wird also der Lateralschwerpunkt nach vorn wandern. Wollte man die theoretisch gefundenen Schwerpunkte übereinanderlegen, so würde man kein ausbalanciertes, sondern ein bei Brise ganz hervorragend luvgieriges Boot erhalten. Und umgekehrt wird man dann, wenn man den Segelschwerpunkt so weit nach vorn legt, daß auch bei großen Geschwindigkeiten

---

*) Vgl. Unterricht im Segeln S. 57.

noch keine Luvgierigkeit eintritt, bei leichter Brise und entsprechend geringer Fahrt ein Boot haben, das einfach nach Lee aus dem Ruder läuft. Aus diesem Dilemma kann keine Prinzipienreiterei, sondern nur ein Kompromiß retten. Man legt zwar den Segelschwerpunkt grundsätzlich v o r den Lateralschwerpunkt, aber doch nur um so viel, daß bei wirklich flotter Fahrt der Lateralschwerpunkt doch bis vor den Segelschwerpunkt wandert und das Boot luvgierig macht. Man erhält dann also ein Boot, das bei Flaute ein wenig leegierig, in schwerem Wetter etwas luvgierig, aber bei Vollzeugbrise gerade ausbalanciert ist.

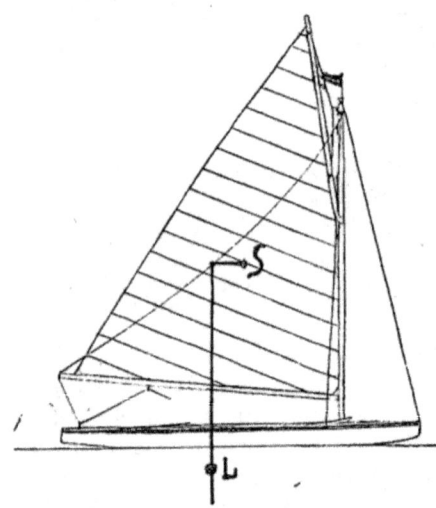

Abb. 14. Die Lage des Segelschwerpunktes.

Natürlich wird der Konstrukteur nun bei der Lagerung den Charakter des Bootes berücksichtigen. Er wird ausgesprochene Schwerwetterboote leegieriger laterieren als Flautenläufer. Er wird auch gute Am-Winder anders behandeln als Raumschotsläufer und endlich bei Rennbooten sogar die Eigenart des Steuermanns berücksichtigen. Hier haben wir also wieder ein sehr wichtiges Gebiet, auf dem wir mit der Theorie allein nicht auskommen. Können wir doch nicht einmal die voraussichtliche Verschiebung des Lateralschwerpunktes bei einer gewissen Windstärke im voraus mit einiger Sicherheit bestimmen, wenn nicht bereits Versuche mit ganz ähnlich gearteten Fahrzeugen vorliegen. Selbst geringe Veränderungen in der Bootsform ergeben hier unter Umständen weitgehende Abweichungen. Wir empfehlen dem angehenden Theoretiker, einmal die Lage der beiden Schwerpunkte bei einer Reihe erfolgreicher Rennboote zu bestimmen und miteinander zu vergleichen, dann wird er erkennen, wieviel hierbei allerpersönlichstes Gefühl oder Erfahrungsresultat ist und aller Berechnung spottet.

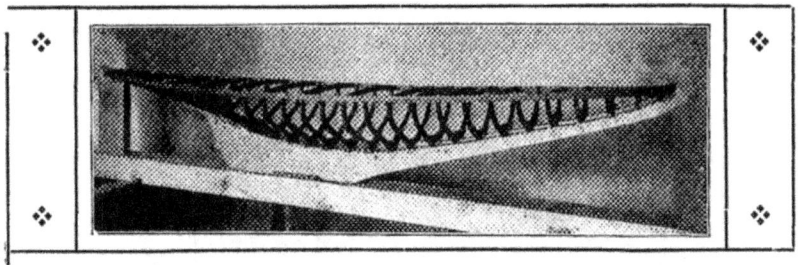

II. Der Bau des Bootes

1. Das Skelett

Die Zeiten, in denen der Bootsbauer sich sein Modell für ein Sportsegelboot selbst schnitzte und dann nach diesem Modell frisch und unbekümmert drauflos baute, sind vorbei. Vorbei auch die Zeiten, in denen man „über den Nullspant" baute, d. h. die Form nur durch 3—4 Mallen oberflächlich festlegte und die Einzelheiten der Linienführung der mehr oder weniger großen Willigkeit der Bootsplanken überließ. Heute entsteht kein Segelboot mehr, das Anspruch auf diesen Namen erheben darf, ohne daß die Bootswerft Seitenansicht und Einrichtungsplan im Maßstab 1 : 10, den Segelriß im Maßstab etwa 1 : 20 und den Spantenriß in natürlicher Größe (1 : 1) fertig vom Konstrukteur erhält. Der gewissenhafte Konstrukteur überläßt die Vergrößerung des Spantenrisses vom Maßstab 1 : 10 auf die natürliche Größe nicht mehr dem Bootsbauer, denn diese Vergrößerung kann nur unter ständiger Überprüfung der gesamten Linien wirklich einwandfrei erfolgen. Vorbei sind eben auch die Zeiten, in denen es auf ein paar Zentimeter Abweichung beim Bootsbau nicht ankam.

Der Bau des Segelbootes beginnt mit der Anfertigung der Mallen. Aus dünnen Bretterabfällen werden die Spanten sorgfältig und genau der Zeichnung entsprechend zusammengefügt. Inzwischen wird der Kiel ausgesägt und mit der Sponung versehen, der Steven aufgelascht und der Spiegel auf den Kiel aufgesetzt. Nun beginnt die wichtigste Arbeit, bei der es auf Millimeter ankommt: die Aufstellung! Auf die Helling werden „Reiter" aufgesetzt, die dem Kiel die in der Zeichnung vorgeschriebene Biegung verleihen sollen, und dann wird der Kiel provisorisch darauf festgenagelt. Da der richtige „Strak" des Kiels für das Gelingen des Bootes eine der entscheidendsten Voraussetzungen ist, so muß diese Aufstellung des Kiels aufs genaueste an der Hand der Zeichnung nachgeprüft und eventuell nachgebessert werden.

Abb. 15. Ein Kreuzer in Mallen, die Straklatte wird angelegt.

Auf dem Kiel wird nun das Spantgerippe, die Mallen, aufgestellt und nach der Decke des Bauschuppens abgestützt. War es schon wichtig, daß die Form jedes einzelnen Malls durch Auflegen auf den Spantenriß 1:1 genau nachgeprüft wurde, so muß auch die richtige Entfernung der Mallen voneinander, ihre lotrechte und zur Helling rechtwinklige Aufstellung aufs eingehendste kontrolliert werden.

2. Die Aussenhaut

Über dieses „Skelett" des Bootes werden nun die Planken gebogen. Ihre Linie ist durch die Mallen von selbst gegeben. Wir möchten aber den Beaufsichtiger eines Baues doch gerade auf diese Tatsache hinweisen, denn bei einem nach Zeichnung gebauten Boot muß jede einzelne Planke an jedem Mall fest anliegen.

Alle karweel gebauten Boote werden in der Regel „auf Dichtung" gebaut, d. h. die Planken werden so gehobelt, daß sie mit ihren Innenkanten haarscharf aufeinanderpassen, während sie außen etwas Luft haben, damit hier später die Dichtbaumwolle hineingeschlagen werden kann. Der vollkommen nahtlose Bau, der auf jede Dichtung verzichten kann, empfiehlt sich nicht, da das im Wasser arbeitende Holz dann hart auf hart stößt und, wenn es nirgends Dehnungsgelegenheit findet, seine überschüssige Kraft leicht in Wellen- und Beulenbildung umsetzt.

Die Technik des wirklich exakten Aneinanderpassens der Planken bei rundspantigen Booten ist die eigentliche bootsbauliche Aufgabe. Die eingehende Darlegung würde hier zu weit führen, da wir ja kein Handbuch für Bootsbauer vor uns haben, sondern den Segler in das Verständnis des Bootsbaues einführen wollen. Wir sind auch der Meinung, daß der Amateur sich nicht am Selbstbau rundspantiger Boote versuchen sollte und scheiden sie daher auch später aus unseren Anleitungen zum Selbstbau aus. Erwähnt

Abb. 16. Beim Aufplanken.

sei nur noch, daß die Planken mit starker Verwindung, namentlich im Vorschiff, nicht kalt hingebogen, sondern vorher im Dampfkasten erweicht werden. Der Bootsbauer, der keinen Dampfkasten von entsprechender Größe zur Verfügung hat, pflegt die Planken durchs Wasser zu ziehen und dann über Hobelspänefeuer zu erhitzen. Die Planken in der Kimm, also an der Stelle der stärksten Krümmung der Spanten, werden besonders schmal gewählt und gewöhnlich von innen hohl gehobelt, um an den Mallen wirklich anzuliegen.

Nach dem Aufplanken werden die Spanten eingebogen. Früher kannte man auch im Jollenbau nur sogenannte „gewachsene" Spanten, d. h. Spanten, die der Bootsform entsprechend aus dem Stück geschnitten und einfach eingebaut werden. Jetzt hat sich das eingebogene Spant nahezu uneingeschränkt das Feld erobert. Es gibt dem modernen Schwertboot jene elastische Festigkeit, die durch kein noch so starres System übertroffen werden kann. Die schmalen Eschenrippchen werden im Dampfkasten gekocht und dann in den Bootsrumpf hineingepreßt und mit der Außenhaut vernietet.

Das einzig starre Moment im Querverband geben (neben dem Deck, von dem noch zu sprechen ist) die Bodenwrangen ab. Es sind dies die über den Kiel geklinkten, hochkantstehenden Bretter, auf denen die Laufbretter aufliegen. Die Bodenwrangen haben den Zweck, die Form des Unterwasserschiffs unter allen

Abb. 17. Eingebogene Spanten und Deck-Ersatz nach Entfernung der Mallen.

Umständen vor Veränderungen zu schützen, sie sollten deshalb grundsätzlich mit den Planken verschraubt, nicht nur vernagelt sein.

Nach dem Einbau der Spanten ist das ganze System starr genug, um die Entfernung der Mallen zu gestatten. Allerdings muß vorher noch eine Art Deck-Ersatz angebracht werden, indem man die Oberplanken auf beiden Seiten des Bootsrumpfes durch Latten quer miteinander verbindet und absteift. Wenn man diese Vorsichtsmaßregel unterläßt, so haben die widerwillig hingebogenen Spanten nach der Entfernung der Mallen das Bestreben, sich zu strecken. Das bedeutet für die Bootsform nichts anderes, als daß die Breite über Deck vergrößert und dafür die Breite in der Wasserlinie vermindert wird, indem die sich streckenden Spanten die Planken hier nach innen ziehen.

3. Deck und Einbauten

Nach der Entfernung der Mallen wird bei Schwertbooten zunächst der Schwertschlitz ausgesägt und der Schwertkasten eingebaut. Hierüber wird weiter unten beim Selbstbau von Booten noch ausführlich zu sprechen sein.

Dem Einbiegen des Balkwegers folgt das Einpassen der Decksbalken und der Decksschlinge (die den Plichtrand umschließt) und schließlich das Auflegen des Decks selbst.

Abb. 18. Die Decksbalken.

Beim Deck und den Decksbalken usw. pflegen die Konstrukteure heutzutage, namentlich soweit es sich um Rennboote handelt, gern außerordentlich an Gewicht zu sparen. Wir können das Streben nach Leichtigkeit des Rumpfes und die Vermeidung aller hochgelagerten Gewichte durchaus verstehen, sind aber der Meinung, daß auch hier des Guten zu viel gespart werden kann. Ein federndes Deck, bei dem man alle Augenblicke fürchten muß, zwischen zwei Decksbalken durchzubrechen, ist eine ewige Quelle von Unannehmlichkeiten. Wir entsinnen uns, daß bei den Wettkämpfen um das Preisausschreiben der Wettfahrtvereinigung Berliner Jollensegler der Drewitzsche Sieger das Achterdeck durch einen Plan ersetzt hatte und daß der Jaekelsche „Sirius" überhaupt nur mit Leinwand überspannt war. Die späteren Boote haben auch mit der „Belastung" eines richtigen Decks keineswegs schlechter abgeschnitten. Über einen Decksbalkenabstand von 30 cm bei einer Decksstärke von 8 mm sollte man jedenfalls nicht hinausgehen.

Eine wirkliche Dichtigkeit des Decks, die denselben Anforderungen wie die Außenhaut genügt, ist bei dem breiten Naturplankendeck, das sich der weitaus größten Beliebtheit im Kleinsegelsport erfreut, ohnehin nicht zu erreichen. Alle Plankennähte werden hier durch die sommerliche Hitze mehr oder weniger undicht. Aber man kann selbst auf längeren Wanderfahrten in der Regel damit auskommen, weil eben die Breite der Planken doch genügend wasserdichten Stauraum gewährleistet.

Ein wirklich dichtes Deck ist nur durch Leinwandüberzug zu erreichen, wenn man nicht zu dem „guten" alten, schmalstreifigen Plankendeck von abenteuerlicher Dicke greifen will, dessen Fugen mit Marineleim ausgegossen werden.

Über die Nützlichkeit von eingebauten Schotten sowie über die Verwendbarkeit von Duchten sei auf die Ausführungen in Band 2 der „Segelsport-Bücherei", „Die Segeljolle" S. 32 ff. verwiesen.

Die Takelage

Bei der Takelage sollte die Alleinarbeit des Bootsbauers aufhören. Wie er hier schon zur Zusammenarbeit mit dem Segelmacher gezwungen ist, so sollte auch grundsätzlich der künftige Eigner sich zur Mitarbeit berufen fühlen, schon um spätere Korrekturen sich selber zu ersparen. Die Anfertigung der Spieren und die Spleißarbeit mag getrost noch dem Bootsbauer bzw. seinem Takelmeister überlassen bleiben, aber das Aufpassen der Takelage auf das Boot, die Anbringung der Falls, die Führung der Schoten, die Befestigung der Klampen und der Leitösen muß der Segler oder, wenn er es selbst nicht kann, der Konstrukteur überwachen.

Die Zeichnung allein kann hier nicht maßgebend sein, denn die Segel sind schon lebende Wesen, wenn sie eben vom Segelmacher kommen, und wollen als solche individuell behandelt sein. Wie ein Segel durch eine falsche Behandlung gleich zu Anfang seiner Laufbahn vertrimmt werden kann, ist im ersten Bande dieser Bücherei*) ausführlich besprochen. Über die Einzelheiten der Takelage wird später noch beim Selbstbau zu reden sein.

---

*) „Unterricht im Segeln", S. 34.

III. Der Selbstbau

1. Vorbemerkung

Es gibt vielerlei sogenannte Anleitungen zum Selbstbauen von Segelbooten. Sie haben alle miteinander den großen Fehler, daß sie viel zu viel voraussetzen, daß sie ein wirkliches Studium allein für ihre Lektüre verlangen. Und wenn man dann glücklich so weit ist, die Anleitung zu verstehen, dann — braucht man sie auch nicht mehr.

Sie haben ferner den noch größeren Fehler, daß sie mit Leuten rechnen, die bereits über ein reichliches Maß von Handfertigkeit und praktischem Sinn verfügen, daß sie viel zu wenig Rücksicht auf die Ungeübtheit, meinetwegen auch Unbeholfenheit des Anfängers nehmen, der sich bisher wenig oder gar nicht mit den Instrumenten des Tischlers und Bootsbauers befaßt hat.

Der technisch und praktisch Eingearbeitete verliert nur zu schnell die richtige Perspektive für die eigentlichen Anfängerschwierigkeiten. Er hat mit kleinen Arbeiten begonnen, sich nach und nach Handfertigkeit und praktisches Wissen angeeignet und geht nun nach jahrelanger Gewöhnung daran, seine im kleinen erworbene Fertigkeit einmal an einem größeren, kunstvolleren Stück, dem Boot, zu probieren.

Das ist natürlich ein guter Weg, der auch am leichtesten zum Erfolge führt.

Aber für den Anfänger im Segeln liegen eben in der Regel die Verhältnisse wesentlich ungünstiger. Er hat keinerlei praktische Erfahrung und Handfertigkeit, hat wohl auch nie Gelegenheit gehabt, dem Bootsbau auch nur zuzusehen, und sieht sich nun einer völlig fremden, neuartigen Aufgabe gegenüber. Mit dem Nägel-Einschlagen in Eichenholz hapert's schon bei ihm, Stechbeitel und Schabhobel hat er sein Lebtag noch nicht in der Hand gehabt, von Schmiege und ähnlichem Fachlatein nie etwas gehört.

Deshalb kommt alles darauf an, zunächst den richtigen Typ für einen Selbstbau auszuwählen.

2. Die Scharpie

a) Ein 10 qm-Boot

Es handelt sich ja bei dem ersten selbstgebauten Boot nicht darum, wirklich das „Ideal" mit den noch ungeübten Händen in heißem Bemühen zustande zu bringen (d. h. mangelhaft zustande zu bringen), sondern die eigene Kraft erst einmal an einem möglichst einfachen Objekt zu erproben, bei dem man nicht gleich infolge der unvorhergesehenen Schwierigkeiten die Lust und die Geduld verliert. Man sollte deshalb jedem raten, sich zunächst mit einem ganz einfachen Typ zu begnügen, d. h. mit einer Tischlerarbeit.

Die Tischlerarbeit hört aber da auf, wo der rechte Winkel durch die Schmiege ersetzt werden muß, wo mit Krümmungen irgendwelcher Art gerechnet werden muß. Nun kann man natürlich nicht so weit gehen, dem Anfänger einen prahmförmigen Kasten zum Bau zu empfehlen; wohl aber kann man die unumgänglichen Krümmungen auf ein Mindestmaß zurückführen. Dies ist in dem Entwurf, dessen Bauskizze ich diesen Ausführungen beigegeben habe, geschehen. Es ist in allem wesentlichen einfache, reine Tischlerarbeit. Daß es trotzdem kein „Kasten", kein „Sarg" geworden ist, wird mir der Leser beim Betrachten der Seitenansicht und des Decksplanes hoffentlich zugeben.

Warum ein solches Boot, und nur ein solches, wirklich leicht zu bauen ist, will ich nun veranschaulichen, indem wir uns zusammen im Geiste an seinen Bau machen.

Da ist zunächst die Baubank, die Helling oder Stapelung, herzustellen. Man wird in der Regel nicht in der Lage sein, wie der Bootsbauer das Boot in einem Schuppen nach den Balken der Decke hin abstützen zu können. In solchem Falle empfiehlt sich die Konstruktion, die ich in der Skizze 19 darzustellen versucht habe. Eine 6 m lange, 1½ bis 2 zöllige Kiefernbohle ruht auf 4—6 kräftigen Balken, in deren Mitte sie etwas eingelassen wird (ev. genügt auch schon ein Abstützen durch kleinere auf die Balken aufgesetzte Klötze). Die Bohle wird mit Hilfe der Wasserwage

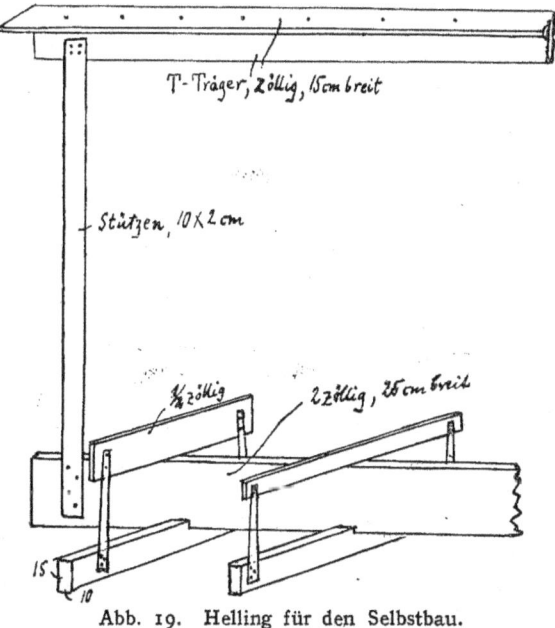

Abb. 19. Helling für den Selbstbau.

genau horizontal gehobelt, bzw. unterklotzt. Auf die Bohle werden nun hochkantstehende Bretter, entsprechend der an jeder Stelle aus der Zeichnung zu entnehmenden Kiel-, d. h. Boden-Biegung, quer gelegt und genau horizontal mit kleinen Latten nach dem Fußboden hin, oder wo dies nicht erlaubt sein sollte, nach dem untergelegten Balken hin abgestützt.

Über diese hochkantstehenden Bretter wird also später der Boden ausgestrakt („der Kiel gestreckt"). Um dies zu ermöglichen, müssen später kräftige Stützen angebracht werden, die ihn in der Mitte nach unten zu auf die Helling niederdrücken. Hierzu dient der auf zwei nicht zu schwachen Stützen montierte T-Träger aus 2 je zollstarken Brettern, der möglichst noch in der Mitte mit einem Brett nach der Decke des Raumes zu (gegen Durchbiegen nach oben) zu verstreben ist.

Während diese Helling gebaut wird, läßt man sich Boden, Seitenplanken, Rahmenspanten und Nahtlatten mit der Maschine fertig schneiden und hobeln. Man hat zu diesem Zweck die 5 Bodenbretter provisorisch zusammengefügt und auf ihnen den Boden in natürlicher Größe aufgerissen (aufgezeichnet); von den Seitenplanken ist die obere ein durchlaufendes, glattes Brett von 15 cm Breite und nur die untere verläuft am unteren Rande im Bogen.

Nun beginnen wir mit dem Aussägen des Schwertschlitzes. Wir bohren zu diesem Zwecke eine Anzahl Löcher in das mittlere Bodenbrett und stemmen die kleinen Zwischenräume (vorsichtig von oben und unten arbeitend, damit das Holz nicht splittert) mit dem Stechbeitel aus. Sobald wir Platz für den Fuchsschwanz oder die Stichsäge haben, wird vorsichtig auf den vorher aufgezeichneten Linien entlang gesägt.

Dann werden die Rahmenspanten in genauer Länge mit dem Fuchsschwanz zugeschnitten und die Bodenwrangen mit den Auflangern und den Decksbalken zu dem in den Querschnitten ersichtlichen Gerüst vernietet, nachdem man in jedem Auflanger noch den Einschnitt für die Nahtlatten und den Balkweger eingesägt und ausgestemmt hat. (Die Nahtlatten im Boden sind der einfacheren Bauweise halber außenbords angebracht.)

Jetzt kommt die einzige Bootsbauer-Arbeit, das Einpassen der Spanten beim Zusammenfügen der Bodenplanken, denn hier muß die Schmiege beachtet werden, damit die Spanten nachher auf dem gebogenen Boden auf und nieder, nicht etwa schief stehen. Wer sehr vorsichtig sein will, kann zu diesem Zwecke den Boden erst noch einmal provisorisch mit 4 schmalen Brettern zusammenfügen und ihn so auf der Helling durchbiegen. Zu diesem Zwecke werden passende Streben geschnitten, die etwas länger sind als die Entfernung Helling bis T-Träger. Hiervon setzt man zwei auf die tiefste Stelle des Bodens und keilt sie mit dem Hammer an. (Boden nicht beschädigen! Bretter unterlegen!) Dies wird an den Stellen, an denen der Boden sich nicht gutwillig auf die hochkantstehenden Bretter preßt, wiederholt. Ein zollstarker Boden wie der gezeichnete ist bei diesem Hinbiegen recht widerspenstig. Man muß ihn also erst langsam mehrere Tage lang an die Zwangslage gewöhnen und keilt dann von Zeit zu Zeit die Streben etwas fester an. Ein auf diese Weise kalt gebogener Boden behält auch eine Spannung bei, es empfiehlt sich also, ihn etwas zu überbiegen, also etwa 1 cm gegen die Zeichnung zuzugeben, weil er nachher doch etwas wieder zurückgeht.

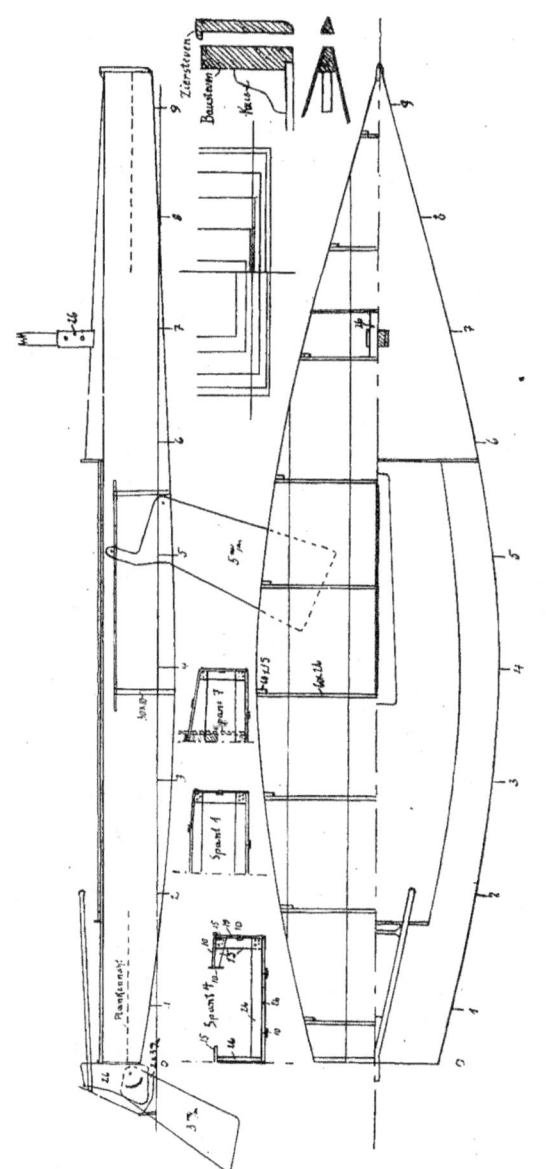

Abb. 20. Eine 10 qm-Jolle zum Selbstbauen.
Maßstab 1:40. Länge ü. A. 5,30 m, gr. Br. 1,32 m, Segelfläche 10 qm.

Ist der Boden fertig und richtig hingebogen, so geht man an das Aufsetzen der Rahmenspanten, falls man ihn, wie gesagt, nicht bereits mit diesen zusammengefügt hat. Natürlich läßt sich jetzt die nötige Schmiege besser ausprobieren, als es vorher beim Abgreifen aus der Zeichnung möglich war. Die Rahmenspanten werden von unten mit den Bodenplanken verschraubt. Der zweite Teil der Bootsbauerarbeit besteht in dem Anhobeln der Schmiege für die Seitenplanken. Auch dies ist jetzt kein Kunststück, weil man ja die richtige Schmiege durch einfaches Anlegen eines Brettes an der betreffenden Stelle unschwer feststellen kann.

Alles übrige ist nun noch einfachere Arbeit. Der auf der Maschine fertig ausgesägte Spiegel wird mittels des ebenfalls fertig gearbeiteten Knies auf den Boden geschraubt, und ebenso der Steven aufgesetzt. Damit hier das Einpassen der Seitenplanken in eine Sponung fortfällt, ist der Steven, wie aus der Zeichnung ersichtlich, aus 2 Stücken gebaut. Wir setzen zunächst nur den „Bausteven" mit dem Knie auf, nachdem wir uns diesen auf der Maschine genau haben zuschneiden lassen. (Es empfiehlt sich natürlich, die gesamte Maschinenarbeit auf einmal in Auftrag zu geben, also jedes einzelne Stück vor dem Bau in Naturgröße auf dem betreffenden Holz aufzureißen und dann in ein paar Stunden das ganze Baumaterial zuschneiden und behobeln zu lassen. So wird der Maschinen- und Arbeitslohn auf eine geringe Summe heruntergedrückt. Wer keine Maschine zur Verfügung hat, läßt diese Arbeit füglich von einem gelernten Tischler besorgen, da die ganze Säge- und Hobelarbeit im Groben und Großen erfahrungsgemäß dem Ungeübten nur zu leicht die Lust verdirbt. Und der Wert des eigenen Baues wird durch solche Hilfe nicht beeinträchtigt, die Kosten werden nur unerheblich vergrößert und stehen in keinem Verhältnisse zu der Erleichterung und der Sicherheit des Zustandekommens.)

Nun werden die Nahtlatten und Balkweger eingebogen und verschraubt, bzw. festgenagelt. Damit ist das Gerippe des Baues fertig. Das Anbringen der Planken bietet jetzt keine Schwierigkeiten mehr, da irgendwelches Hinpassen nicht erforderlich ist. Wo die untere Rundung nicht stimmt und über die Bodenkante hinausragt, wird sie nach dem Festnageln einfach mit dem Hobel weggenommen. Da die Bodenkante rechtwinklig ist, der Boden selber zollstark, so können hier keine Undichtigkeiten durch etwaige ungenaue Arbeit vorkommen. Die Naht in der Mitte der Außenhaut wird sehr genau werden, da hier wieder rechtwinklige Kanten aufeinanderstoßen, die sogar mit der Maschine geschnitten sind. Sollte doch etwas nicht so ganz genau passen, so gewährleistet die Nahtlatte Dichtigkeit, namentlich wenn man noch einen Streifen alten Leinens mit etwas Kitt unterlegt.

Der Bootsbauer pflegt mit dem Einbau des Schwertkastens usw. bis zur Fertigstellung des Rohbaues zu warten. Ich empfehle, den Schwertkasten und den Maststuhl vorher einzubauen, gleich nachdem der Boden hingebogen ist. Der Laie hat dann den Vorteil größerer Bewegungsfreiheit. Wenn die Hellingbohle nicht zu breit gewählt wird ($1\frac{1}{2}$ Zoll), ist es möglich, die Schwertkastenwände mit ein paar kleineren Schrauben unmittelbar neben der Bohle festzuziehen, da man dann hier noch etwa 12 mm Holz hat; einige größere Schrauben fügt man dann nach der Beplankung hinzu. Der Einbau des Schwertkastens erfordert recht große Genauigkeit, da er auf dem gerundeten Boden dichtpassend aufgesetzt werden muß. Baut man ihn vor dem Anbringen der Planken ein, so hat man den Vorteil, die Rundung am unteren Ende genau kontrollieren zu können, man kann auch die Kurve anreißen, indem man das Kastenbrett einfach an der betreffenden Stelle seitlich gegen den Boden hält. Den Fisch, das Zwischenstück am vorderen und achteren Ende des Kastens, läßt man der größeren Festigkeit wegen durch den Schlitz hindurchgehen, unter die Seitenwände des Kastens wird vor dem Anschrauben wieder Leinewand und Kitt gelegt.

Das Deck ist im vorliegenden Entwurfe durchgängig aus geraden Brettern zusammengefügt. Um es dicht zu bekommen, sind Nahtlatten verwendet, die obenauf liegen; solche Latten stören erfahrungsgemäß das Aussehen gar nicht, sie werden ja häufig noch nachträglich bei dem Erscheinen von Undichtigkeiten in breitplankigen Decks aufgesetzt. Das Vorderdeck ist dachförmig gestaltet und steigt bis hinter den Mast verhältnismäßig stark an. Dies hat seinen Grund in der Neigung zum Unterschneiden größerer Wellen, die Boote mit so scharfem Vorschiff bekanntlich nur zu leicht aufweisen. Diesen Nachteil kann man bei einfachen, aus rechtwinkligen Spanten zusammengesetzten Booten nicht vermeiden. Es bleibt also nur die Möglichkeit, das Boot gegen Vollaufen in solchem Falle durch reichliche Eindeckung zu schützen, wenn man ihm nicht im Vorschiffe einen starken Decksprung geben will, was wieder die Bauart etwas erschwert.

Das Einbiegen der Reling macht keine Schwierigkeiten.

Die Konstruktion des Ruders ist einfach, die Beschläge kauft man ja doch fertig. Man kann sich die beiden 2 cm starken Ruderbacken und das zwischengesetzte etwa 6 mm starke Stück fertig auf der Bandsäge schneiden lassen und braucht sie dann nur zu vernieten.

Ruderblatt und Schwert läßt man sich natürlich beim Schmied arbeiten. Der Einbau eines Fallschwertes ist nicht schwieriger als die Griffbefestigung usw. bei einem Steckschwert, deshalb kann der Anhänger des Fallschwertes sich diesen „Luxus" getrost leisten. Bei Unterlegung kräftiger Lederscheiben ist die Dichtigkeit des Schwertbolzens immer zu erzwingen, auch wenn das Bolzenloch nicht gar zu knapp gelungen ist.

Zum Schlusse wird der Ziersteven aufgesetzt. Die vorn überstehenden Planken werden mit dem Fuchsschwanz einfach abgesägt und sauber behobelt. Dann wird der Ziersteven aufgepaßt und mit ein paar Schrauben gegen den Bausteven befestigt. Den eigentlichen Halt gibt der Stevenbeschlag, der vom Deck bis unter den Boden läuft und damit die ganze Stevenkonstruktion zu einer Einheit verbindet. Ganz zuletzt wird das Boot umgedreht, und es werden unter dem Boden auf den Nähten die bereits erwähnten Latten aufgenagelt.

Über die Fertigstellung der Rundhölzer soll in einem besonderen Kapitel geredet werden, da diese ja für alle Bootstypen dieselbe ist.

Die Außenhaut wird weiß gemalt (wer für Farbenfreudigkeit schwärmt, kann auch Grün oder Rot verwenden). Das Unterwasserschiff streicht man grün oder mahagonibraun, das Deck in gebrochenem Weiß (hellgelb, hellgrün oder hellblau), wenn man sich nicht den Luxus eines naturlackierten Mahagoni- oder Gabundecks hat leisten können.

Abb. 21. Kieloben und Kielunten.

b) Kielunten und Kieloben

Ehe wir nun in der Besprechung des Baues verschiedener Bootstypen fortfahren, möchte ich zunächst noch eine grundsätzliche Frage für den praktischen Selbstbau erörtern, die Aufstellung des Bootes während des Baues.

Wir hatten bisher den beim Bootsbauer üblichen Weg, das Boot mit dem Kiel nach unten auf die Helling zu setzen, stillschweigend gleichsam als selbstverständlich übernommen. Eine einfache Überlegung sagt uns aber, daß diese Aufstellungsweise viele, vielleicht unnötige Unbequemlichkeiten mit sich bringt. Das Arbeiten in gebückter Stellung, das Schrauben und Nageln von unten nach oben, die mangelhafte Beleuchtung und daher die schlechtere Kontrolle sauberen Baues beim Unterwasserschiff — das alles bietet gerade dem Anfänger zum Teil recht erhebliche Schwierigkeiten.

Sie lassen sich ohne weiteres vermeiden, wenn man das Boot kieloben aufstellt. Das einzig Bedenkliche beim Kieloben-Bau ist nur das Umdrehen des Bootsrumpfes nach der Aufplankung, ehe das Boot durch das Deck zu einem wirklich starren System geworden ist. Es besteht die Gefahr, daß hierbei der Kiel (oder bei einer Scharpie der Boden) sich wieder zu strecken bestrebt und daher die Bootsform ungünstig verändert. Dies kann man aber verhindern, wenn man durch Lattenverstrebungen quer über die Mallen oder Rahmenspanten den bereits oben besprochenen Deckersatz schafft. Überdies ist ein Strecken des Kiels nur möglich bei gleichzeitiger Verringerung der Breite des Bootes; wenn man also beim Herausnehmen der Mallen vorsichtig ist und die Oberplanken entsprechend auseinanderspreizt, so wird sich die Bootsform nicht verändern; bei festeingebauten Rahmenspanten ist die Gefahr eigentlich überhaupt nicht vorhanden, wenn man nicht etwa so leicht gebaut hat und so viel Spannung im Boden gelassen hat, daß die Nägel herausreißen könnten.

Ich empfehle auf Grund der gemachten Erfahrungen den Kieloben-Bau bedingungslos bei allen kleineren auf Kiel gebauten Booten. Hier wird gerade die Bearbeitung des Kiels, das Nacharbeiten der Sponung, das Einpassen der Kielplanken durch die bessere Sicht und das bequemere Hantieren derartig erleichtert, daß der Anfänger viel unnötige Zeit und viel unnötigen Ärger spart.

Bei Scharpies mit flachem Boden ist die Frage nicht allgemein zu entscheiden. Wählt man starke Bodenbretter wie in dem vorigen Entwurf einer 10 qm-Jolle, so wird sich der Kieloben-Bau nicht bewerkstelligen lassen, weil das Hinbiegen der Bretter dann unüberwindliche

Schwierigkeiten bereiten würde. Wählt man schwächere Bodenplanken, so kann man schwanken, welche Bauart die günstigere und empfehlenswerte ist. Denn beim Kieloben-Bau erschwert dann das vorherige Anhobeln der richtigen Schmiege bei den Bodenwrangen und die Unmöglichkeit, den Schwertkasten vor dem Anbringen der Seitenplanken einzusetzen, den Bau, während die Befestigung der Wrangen und die ganze Montierungsarbeit erheblich erleichtert wird. Man muß einmal die mühselige Schraubarbeit dicht am Werkstatt-Fußboden zwischen den für die Bodenkrümmung angebrachten Leisten und Stützen selbst probiert haben, um diese für den Ungeübten wirklich schwierige Arbeit schätzen zu lernen. Außerdem passiert es dann doch auch mal selbst bei „klügster" Anordnung der besagten Leisten und Stützen, daß man etwa beim Steven- oder Spiegelknie wirklich nicht ankommen kann. All das vermeidet man ohne weiteres beim Kieloben-Bau, den ich also dem Anfänger im allgemeinen uneingeschränkt empfehlen möchte.

Irgendwelche Mehrarbeit entsteht dadurch kaum. Der Anfänger wird zuerst auf Rahmenspanten bauen und den Bau mit eingebogenen Rippen dem Fortgeschrittenen überlassen, denn hierbei erspart er das Anfertigen der Mallen. Wenn man kieloben bauen will, so nietet man die Rahmenspanten (oder die Mallen) wie sonst zusammen, setzt aber statt der gewölbten Decksbalken zunächst gerade Leisten auf. Oberkante dieser Leisten erhält man, indem man auf der Zeichnung durch den niedrigsten Freibord eine Parallele zur Wasserlinie zieht. Dann werden die so hergestellten Rahmen einfach kieloben auf die Hellingsbohle gesetzt und mittels der Wasserwage horizontal gerichtet und nach unten abgestützt. Die schwierige T-Trägerkonstruktion, die wir oben zeigten, fällt dabei fort, denn es wird immer möglich sein, den Kiel oder Boden nun einfach auf die Bodenwrangen niederzudrücken und festzuschrauben.

Den Spiegel läßt man eben über die Bohlen hinausragen, so daß man ihn noch gegen deren Stirnseite befestigen kann. Mit dem Steven kann man es geradeso machen oder man muß, wenn man die Hellingsbohle nicht nur für den einen Bau verwenden will, ein Stück heraussägen, in das der Steven gerade hineinpaßt. Denn beide, Spiegel wie Steven ragen ja über die „Aufstellungslinie", die zur C.W.L. gezogene Parallele, erheblich hinaus.

Wollte man dies vermeiden, und statt der provisorischen Leisten für die Aufstellung gleich die richtigen Decksbalken verwenden, so müßte man bei der Aufstellung wieder jeden einzelnen Spant besonders unterklotzen, bzw. jedesmal eine Leiste von besonderer

Höhe untersetzen; im Mittelschiff, wo die Decksbalken nicht durchlaufen, müßte man ohnedies Hilfsleisten verwenden. Dies alles wäre so viel komplizierter, daß es den Einbau einer besonderen „Aufstellungsleiste" in die Rahmenspanten (oder Mallen) reichlich aufwiegt.

Wir betrachten nun diese Kieloben-Bauweise an der Hand eines ebenso einfachen Typs, wie der oben besprochene, kielunten aufgestellte war. Denn gerade an den einfachsten Modellen läßt sich Vorteil und Nachteil am leichtesten zeigen.

c) Ein 5 qm-Boot

Die Bauart des Bootes (Abb. 22—25) unterscheidet sich von der des vorher angeführten 10 qm-Bootes vor allem insofern, als sie — eben um Leichtigkeit und dadurch günstigere Segeleigenschaften zu erhalten — auf den dicken Boden verzichtet und dafür Nahtlatten in der Kimm verwendet. Man kann dann mit den Bodenplanken bis auf 8, mit den Seitenplanken bis auf 6 mm heruntergehen, ohne für die Dichtigkeit fürchten zu müssen. Hiermit ist die Möglichkeit des Kieloben-Baues und damit eine auch für den Ungeübtesten leichte Bauweise gegeben.

Ich habe zur Erleichterung für den Anfänger jedes einzelne Spant in der Detailzeichnung für sich aufgerissen und alle in Betracht kommenden Maße eingetragen.

Abb. 22. Das 5 qm-Boot unter Segel.

Es sind durchweg nur gangbare Holzstärken (zöllig, halbzöllig und 2 cm stark) verwendet, so daß also das zu verwendende Holz in jeder Holzhandlung fertig zu kaufen ist. Nur die Planken dürften nicht fertig zu haben sein, hier wird man zweckmäßig 20 mm starke Bretter kaufen, sie einmal aufschneiden und dann behobeln lassen — die Stärke der fertigen Planken wird dann je nach der Güte der Säge zwischen 6 und 8 mm liegen.

Ehe man also an den Bau geht, stellt man sich das für jede Stärke gebrauchte Material zusammen. Nun beginnt man damit, die einzelnen Bretter für die Rahmenspanten in natürlicher Größe aufzuzeichnen. Die zwischen den Querpfeilen (z. B. ⇒→ 78 ←⇐)

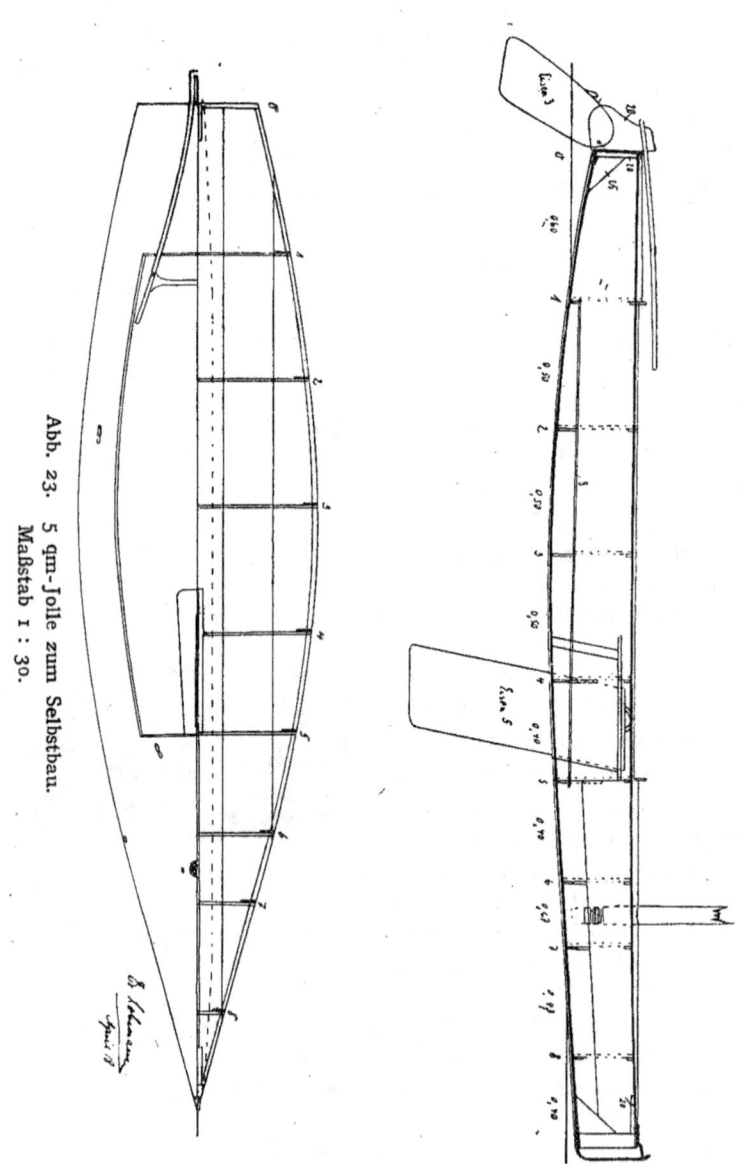

Abb. 23. 5 qm-Jolle zum Selbstbau. Maßstab 1 : 30.

eingetragenen Zahlen geben die genaue Länge der Bodenwrangen (und der Decksbalken) an, die zwischen den vertikalen Pfeilen stehenden (z. B. 26) die Höhe des Auflangers (bis Unterkante Deck), die über dem Deck mit + Zeichen eingetragene Zahl gibt die Höhe der Decksbucht an (es heißt also z. B. „ + 2": der Decksbalken soll in der Mitte um 2 cm höher sein als an den Außenkanten).

Die einzelnen Teile der Rahmenspanten läßt man auf der Bandsäge fertig schneiden und auf der Maschine behobeln, man hat dann nur in den vier Ecken jedesmal die 2 × 2 cm großen Ecken für die Nahtlatten auszuschneiden und das Ganze genau winkelrecht mit je 3 Nieten zusammenzunageln.

Die Spanten werden kieloben auf der Helling oder einer genau horizontalen Baubank aufgestellt und abgestützt. Wenn die Arbeit genau gewesen ist, muß der Bodenstrak jetzt richtig sein, denn Mitte Deck liegt bei allen Spanten in einer Parallelen zur C. W. L. (28 cm darüber). Es ist also keinerlei besondere Berechnung oder dergl. beim Aufstellen der Spanten mehr nötig. Die Entfernung der einzelnen Spanten voneinander (sie ist zum Teil verschieden) ist unter der Seitenansicht vermerkt.

Sobald die Spanten gehörig befestigt sind, werden die Nahtlatten, je zwei oben und unten, eingebogen und festgenagelt — damit ist das Gerippe des Baues fertig. Die oberen Nahtlatten geben einen Anhalt für die Schmiege, die jede Wrange erhalten muß, damit sich der Boden später recht schön an die ganze Wrange anschmiegen kann. Man hobelt also die (jetzige) Oberkante der Wrange namentlich im Vor- und Achterschiff etwas schräg und prüft die Richtigkeit der Schmiege nach, indem man von Zeit zu Zeit eine lange, dünne Latte (Straklatte) in der Richtung des Bodens über die Wrangen biegt.

Nun kann's ans Beplanken gehen. Vorerst sei aber noch ein Wort über die Bodenkonstruktion gesagt. Es besteht nämlich bei einem nur 8 mm starken Boden das Bedenken, daß er den Beanspruchungen namentlich am Steven, am Mast und Schwertkasten nicht gewachsen ist und daß hier einmal die Nägel oder Schrauben das ganze, nur schwache Holz mitnehmen könnten. Der vorliegende Entwurf sucht dem abzuhelfen, indem er auf die ganze Länge des Bootes unter dem Boden einen etwa 12 cm breiten und 6—8 mm starken Hilfskiel aufsetzt. Dieser Verstärkungskiel wird im Wasser das unlöbliche Bestreben zeigen, sich tunlichst weit von seinem brüderlichen Boden zu trennen und daher Neigung

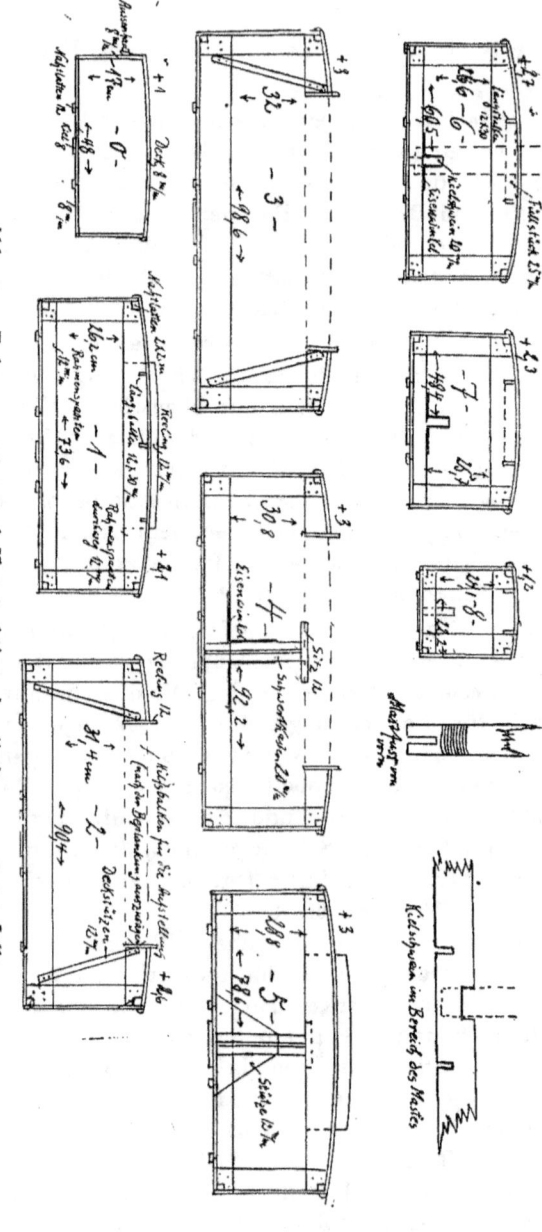

Abb. 24. Rahmenspanten und Konstruktionseinzelheiten zur 5 qm-Jolle. Maßstab 1 : 20.

zu „Wellblechbildungen" aufweisen. Dem kann man nur abhelfen durch eine ganz dichte Vernagelung, etwa in Quadraten von 5 cm Seitenlänge. Will man dies vermeiden, so kann man einfach für die mittlere Bodenplanke ein etwa 12 cm breites, dickeres Brett (etwa 20 mm stark) wählen. Man kann dann vielleicht noch bequemer als hier die vorstehenden Kanten (zur Vermeidung unnötiger Reibung im Wasser) abschrägen. Die dritte Möglichkeit, die Längs-Verstärkung innen einzubauen, möchte ich nicht empfehlen, da sie den Bau künstlich erschwert.

Wir nehmen nun also unser zur Mittelplanke bestimmtes Brett und biegen es vorläufig einmal über die Spanten, um uns die Ansatzstellen für Steven und Spiegel markieren zu können. Denn der Boden muß ja, weil gekrümmt, länger als die eigentliche Schiffslänge sein, und wir haben beim Kieloben-Bau die Annehmlichkeit, diese Länge (die „Abwicklung") durch Probieren statt durch Studieren feststellen zu können.

Nun werden Steven und Spiegel an den markierten Stellen mit der (gleichfalls ausprobierten) Neigung aufgeschraubt und durch die Kniee abgestützt. Mit dem Steven ist der „Bausteven" gemeint, der „Ziersteven" geht uns einstweilen noch nichts an. Jetzt kann die Mittelplanke des Bodens auf den Spanten festgeschraubt werden. Nun werden die Nahtlatten an den Steven geschraubt, nachdem man sie vorher soweit abgeschrägt hat, daß sie hier glatt auslaufen. Am Spiegel befestigt man die Latten am einfachsten mittels kleiner Winkel von Eisenblech. Da, wo nun die Bodenplanke vorn über die Bootsform hinausragt, sägt man mit dem Fuchsschwanz an der Nahtlatte entlang einfach das überstehende Ende weg und putzt mit dem Hobel nach, so daß Nahtlatte und Bodenkante recht schön gleichmäßig eine glatte Linie bilden.

Genau so verfährt man mit den übrigen Bodenplanken. Will man ein übriges tun und erscheint einem die Sägerei entlang der Nahtlatte infolge eigener Ungeschicklichkeit als etwas gefährlich für die letztere, so biegt man jede Planke erst vorläufig über die Wrangen, schraubt sie mit der Zwinge fest und fährt mit dem Bleistift an der Nahtlatte entlang. Dann kann man sie auf der Hobelbank aussägen und braucht nach dem Anschrauben nur mit dem Hobel nachzuputzen.

Jedenfalls ist schon so viel ersichtlich, daß irgendwelche Aufrisse des Bodens und dergl., wie sie beim Kieluntenbau nötig sind, hier ganz und gar fortfallen, weil man immer das Modell des Bootes, das Gerippe, durch Spanten und Nahtlatten fertig hat.

Zwischen Nahtlatte und Planke kann man zur sicheren Erzielung unbedingter Dichtigkeit noch einen schmalen Leinenstreifen legen und diesen mit der Planke festnageln.

Ist der Boden fertig und die Kante überall an den Nahtlatten entlang geglättet, so nimmt man das mindestens 36 cm breite Brett mit der Seitenplanke und schraubt, bzw. nagelt es einfach gegen die Auflanger. Auch hier kann man vorher die Form annähernd aufzeichnen, indem man mit dem Bleistift an der oberen und unteren Latte entlang fährt. Jedenfalls ist auch hier kein „Konstruieren" erforderlich, sondern die Form der Planke ergibt sich von selbst, und alles, was zu groß ist, wird einfach (auch nach dem Anbringen) fortgehobelt.

Nun ist der Bootsrumpf fertig. Hat man statt eines starken Bodenbretts den in der Zeichnung dargestellten Verstärkungskiel gewählt, so nagelt man ihn gleich jetzt noch auf, nachdem man den Boden und den Kiel gefirnißt bzw. mit Black Varnish gestrichen hat, damit das rohe Holz nicht faulen kann. Ebenso verfährt man mit den Nahtlatten unter dem Boden.

Jetzt kann's ans Umdrehen gehen. Irgendwelche Vorsicht ist nicht erforderlich, da der dünne Boden kaum noch Spannung haben wird.

Folgt der Einbau des Schwertkastens und des Kielschweins. Beides erfordert einiges sauberes Hinpassen, besonders pflegt sich unsaubere Arbeit beim Schwertkasten durch Undichtigkeit später böse zu rächen. Man reißt also die Unterkante der Kastenwände roh an, indem man das Brett seitlich neben die betreffende Stelle des Bodens hält und mit dem Bleistift darunter entlang fährt. Nach dem ersten Sägen und Hobeln wird probiert und immer wieder probiert, bis alles ganz genau stimmt, bis nirgends mehr eine Fuge zu sehen ist. Dann wird Leinewand und Kitt untergepackt, die beiden Fische werden vorläufig eingesteckt, und nun wird der Kasten von unten festgeschraubt. Es empfiehlt sich nicht, den Kasten vorher ganz fertig zu machen, d. h. also die Fische bereits einzuschrauben bzw. zu -nieten, weil dem Anfänger sich hierbei die Wände nur zu leicht ein wenig verschieben und damit die ganze vorherige Einpaß-Arbeit zunichte gemacht wird. Man setzt lieber jedes Kastenbrett sauber für sich auf, weil man's dann sicher an die richtige Stelle bekommt, und schraubt später die Fische fest. Daß diese letzteren durch den Schlitz hindurchreichen müssen, also unter dem Boden einfach abgesägt werden können, habe ich schon früher gesagt.

Ich möchte den ängstlichen Anfänger noch darauf hinweisen, daß es beim Kielobenbau auch sehr wohl möglich ist, den Schwertkasten und das Kielschwein vor der Beplankung in das Spantsystem einzubauen, daß man sich also die nachträgliche Einpaßarbeit ersparen kann, wenn man dafür ein etwas schwierigeres Hinpassen der Mittelbodenplanke in den Kauf nehmen möchte. Man schraubt dann den Schwertkasten fix und fertig an der vorgeschriebenen Stelle an den Spanten fest oder baut vielmehr gleich das Schwertkastenspant mit dem Kasten zusammen ein. Die Richtigkeit der Schmiege am Fuße der Kastenwände kontrolliert man dann während des Hinbiegens der Mittelbodenplanke.

Abb. 25. Segelriß der 5 qm-Jolle. Maßstab 1 : 60.

Das Einpassen des Kielschweins wird bei beiden Bauweisen leichter sein, als das des Schwertkastens, da dessen Unterkante fast auf die ganze Länge eine Gerade bildet. Wie das Kielschwein über die Wrangen geklinkt ist und wie der Mast darin befestigt ist, ergibt sich aus der Detailskizze.

Für den Einbau des Schwertkastens haben wir bereits die Hilfsdecksbalken im Bereich der Plicht aussägen müssen (sie sind in der Detailzeichnung nur einpunktiert).

Wir sägen nun, falls nicht bereits vor dem Einbau geschehen, die Ausschnitte für die Längsdecksbalken aus, passen diese ein und fügen am Steven und Mast die kräftigen Füllstücke ein. Die einzelnen Decksplanken werden so gewählt, daß die Naht jedesmal auf eine Latte oder einen Decksbalken trifft, so daß keine Undichtigkeiten entstehen können. Trotzdem empfiehlt es sich, von vornherein auch schon obenauf flache, abgerundete Nahtlatten zu setzen, weil auch das beste Holz in der Sonne später so weit ausdörrt, daß die Nähte klaffen.

Für das Ruder genügt eine Backe aus 2 cm Holz, gegen die man seitlich mit einer Mutterschraube das aufholbare Blatt befestigt; die Ruderpinne läßt man sich aus Esche fertig mit der Maschine fräsen.

Damit ist das Boot bis auf die Takelage fertig. Durch das scharfe Vorschiff und den absichtlich ganz klein gehaltenen, noch durch das Ruder geteilten Spiegel ist das Kastenförmige stark gemildert, und das Boot erhält etwas Schnittiges, das neben der Betonung der unbedingten Zweckmäßigkeit wohl auch ästhetische Befriedigung auslösen kann — ganz abgesehen davon, daß ein in wenig Wochen hochgeplanktes einfaches Boot ein reineres Vergnügen ist als ein nie endenwollender Bau einer schwierigeren Bootsform.

Abb. 26. 5 qm-Boote.

3. Die Schipjack (Skipjack)

Die Schwierigkeit bei Booten mit geknicktem Boden, wie es die beiden in Abb. 28 und 29 dargestellten sind, liegt in der Notwendigkeit des Kieleinbaues; die Erleichterung gegenüber wirklichen Schipjack-Booten besteht in dem Fehlen der Kimmplanke und in dem Verlaufen der Bodenplanke am Steven, das eine Aufwärtsbiegung dieser Planke von der Horizontalen zur Vertikalen vermeidet.

Bei dem Bau würde ich mich auf Grund der gemachten Erfahrungen bedingungslos für die Kieloben-Aufstellung entscheiden. Alles, was zugunsten dieser Bauweise bereits angeführt wurde, trifft hier noch im vollen Umfange zu. Namentlich wird dadurch das Aufbringen der Bodenplanken ganz wesentlich erleichtert,

Abb. 27. Eine 5 qm-Schipjack.

das Anpassen ist bequemer, und das lästige Festschrauben der Planke mit Zwingen während des Einpassens fällt fort.

Auch dieser Bau wird mit der Anfertigung der Rahmenspanten begonnen. Es empfiehlt sich bei allen Booten mit mehrfach geknickten Spanten, also mit schräg ansetzenden Spantenteilen, sich nicht mit dem vom Konstrukteur gelieferten Spantenriß 1 : 1 zu begnügen, sondern für jedes Spant einzeln ein Pappmodell, eine „Lehre" zu zeichnen, die man während des Zusammennietens der Spanten auf diesen befestigen kann. Nur zu leicht verschiebt sich sonst beim Nieten die Lage der einzelnen Teile, und das vorher so hübsch hingepaßte Spant stimmt nachher doch nicht. Man hefte also die „Lehre" auf den Spant auf, schraube darauf die einzelnen Teile mit der Zwinge fest und niete erst dann.

Der Kiel wird mit der Maschine zugeschnitten und die Sponung vorgefräst. Beim Selbstbau empfiehlt es sich dringend, einen kiefernen Kiel statt eines eichenen zu wählen. Das Aussägen des Schwertschlitzes wie das Nacharbeiten der Sponung macht dann die halbe Arbeit. Ehe man an die Bearbeitung der Sponung im Kiel geht,

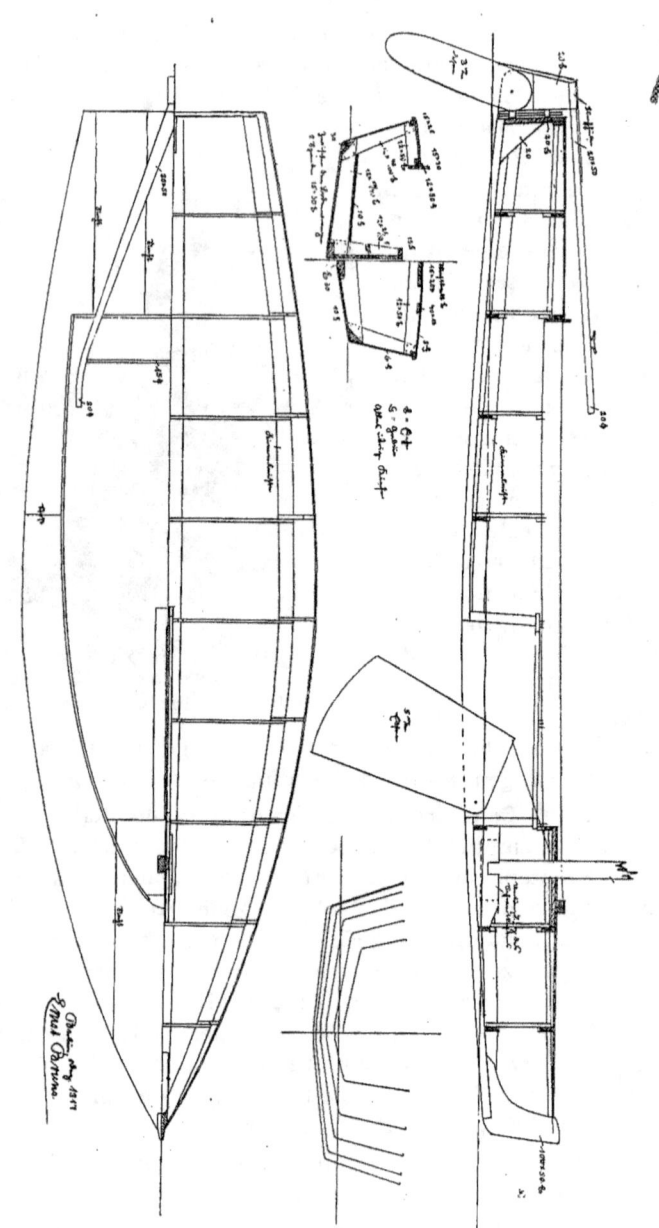

Abb. 28. 10 qm-Schipjack, Entwurf von E. Bruns. Maßstab 1 : 30.

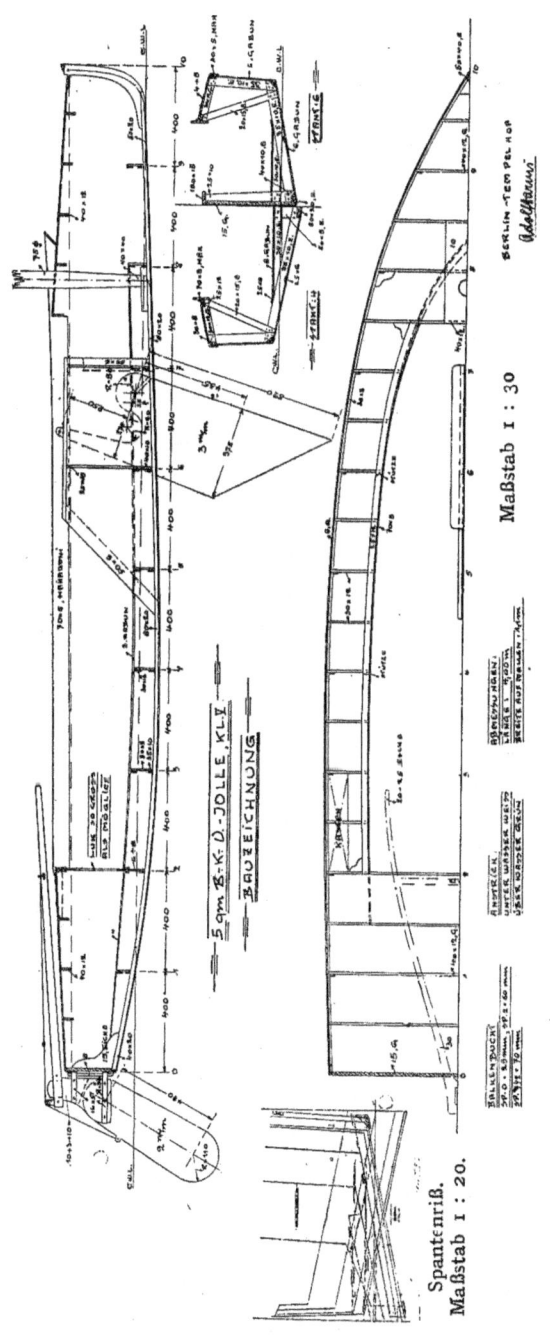

Abb. 29. 5 qm-Schipjack, Entwurf von A. Harms.
Maßstab 1 : 30.

richtet man das Boot in Mallen (oder hier in Spanten) auf; der Anfänger hat sonst keine rechte Vorstellung vom Verlauf der Sponung im Vorschiff. Man setzt deshalb Steven und Spiegel auf den Kiel auf, wie wir dies bereits wiederholt beschrieben haben, biegt den Kiel über die Mallen und schraubt ihn fest. Nun hat man durch die Spanten einen bequemen Anhalt für die Schräge der Sponung an der betreffenden Stelle und kann mit dem Hobel vorsichtig ans „Nachschrubben" gehen. Vorn verläuft ja die Sponung „geräuschlos" in den Bausteven, falls man die wiederholt empfoblene Bauweise aus 2 Stevenstücken anwendet.

Will man den Steven aus einem Stück formen, so muß man vor dem Anbringen die Sponung an ihm ausarbeiten, da sich sonst durch das Schlagen mit Stechbeitel und Hammer unter Umständen der Verband mit dem Kiel lockern würde. Dieses Ausarbeiten der Sponung am Steven, wo man keinen Hobel, sondern nur den Stechbeitel verwenden kann, muß recht vorsichtig geschehen; man schlägt erst auf der vorgezeichneten Sponungslinie entlang wenige Millimeter tief ein und löst dann, schräg mit dem Stechbeitel draufzuschlagend, die kleinen Späne los. Bei all solchen Arbeiten ist Geduld und Ruhe erforderlich. Und weil diese beiden Tugenden gerade dem Anfänger fehlen — hier soll alles „fix" gehen, alles schnell fertig werden, — darum rate ich von diesen Arbeiten ab.

Ganz ähnlich wie bei den rechteckigen Scharpies ist die nächste Arbeit nach dem Aufstellen der Spanten das Einbiegen der Nahtlatten, die das Gerippe ergeben sollen. Hierfür ist als Balkweger-Ersatz eine Leiste von etwa 15 × 20 oder höchstens 20 × 30 mm erforderlich und dann die eigentliche Kimmleiste, die man bei diesem Typ zweckmäßigerweise dreikantig gestaltet.

In den Abmessungen dieser Leiste (wie auch des ganzen Spantsystems) weichen beide Entwürfe nicht unerheblich voneinander ab. Während der zweite auf tunlichste Leichtigkeit (in Gewicht und Bau) Wert legt, stellt der erste die unbedingte Festigkeit und Dichtigkeit in den Vordergrund. Die 8 cm breite und etwa 3 cm starke Kimmleiste gibt dem Brunsschen Boote einen starken Längsverband, der jede Undichtigkeit in der Kimm ausschließt, sie ist aber die eigentliche Schwierigkeit beim Bau dieses Typs; denn das Hinbiegen einer solchen Leiste im Vorschiff ist mindestens so schwierig wie das Vertikal-Biegen einer horizontal ankommenden breiten Planke. Mit dem Brechen des Holzes muß man hier auch bei gutem Material rechnen, wenn man nicht einen guten Dampfkasten zur Verfügung hat. Und der Bau eines solchen pflegt sich für die eine und einzige Schwierigkeit beim Hochplanken so einfacher Bootstypen nicht zu lohnen. Im allgemeinen kommt man auch aus, wenn man das betreffende Stück fleißig anfeuchtet und vielleicht einmal eine Weile über den Gaskocher oder dergl. hält. Allerdings wird dabei und bei all solchem Dampfkasten-Ersatz immer nur eine einzelne Stelle im Holze wirklich weich, so daß manchmal der Bruch nachher dicht daneben erfolgt. Man beachte auch, daß gewaltsam hingebogene Teile eine große Spannung behalten, man sei deshalb mit dem Einschlagen von Nägeln in alle solchermaßen „gespannten" Hölzer noch vorsichtiger als sonst.

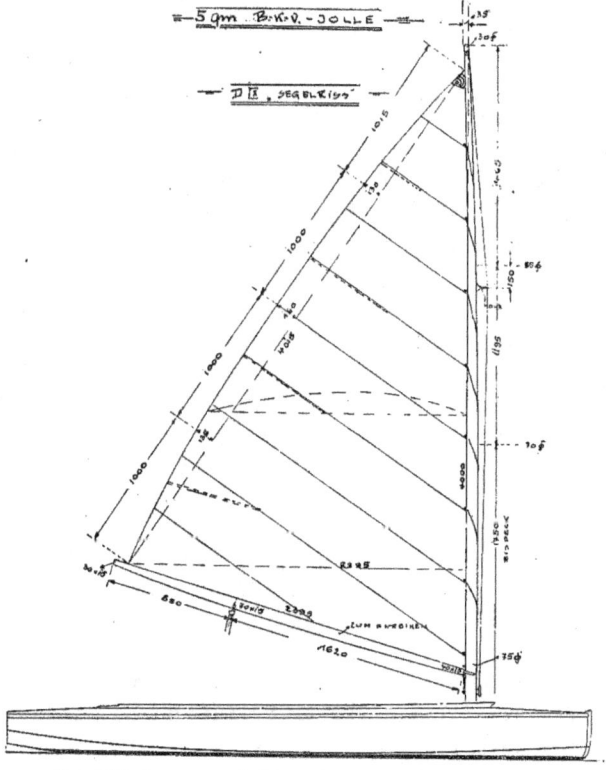

Abb. 30. Segelriß der 5 qm-Schipjack von A. Harms. Maßstab 1 : 50.

Häufig genug reicht ein unvorsichtiger Hammerschlag oder mangelhaftes Vorbohren aus, um das ganze Holz aufreißen zu lassen.

Das Beplanken bietet bei diesem Typ noch keine Schwierigkeit. Man beginnt mit dem Auflegen der Bodenplanken, wobei man immer wieder die Kimmlinie sehr einfach festlegt, indem man mit dem Bleistift an der Kimmleiste entlangfährt. Auch hier ist noch die Annehmlichkeit vorhanden, daß man auf Genauigkeit erst nach dem Festnageln der Planken zu achten braucht und daß man die überstehenden Teile der Bodenplanke einfach, an der Nahtlatte längsfahrend, weghobeln kann. Dasselbe gilt von den Seitenplanken, auch bei ihnen ist kein eigentliches Anpassen erforderlich.

Dies kommt erst in Frage, wenn man den Spant noch einmal knickt, also im Schipjacktyp baut. Damit sind wir dann mitten drin im wirklichen „Bootsbau" — gibt es doch praktische Bootsbauer genug, die den Bau einer Schipjack für schwieriger halten als den eines rundspantigen Bootes und die lieber zehn schmale Planken sorgsam hinpassen wollen als eine einzige breite „flügelig" biegen. Die eben besprochenen Typen bildeten, wie ich sagte, einen „Grenzfall"; das einfache Hinpassen der Planken nähert sie in Einfachheit des Baues den reinen Scharpies, die Ausarbeitung der Sponung im Kiel mit ihrer wechselnden Schmiege, das Anhobeln der Schmiege an die Spanten erfordert schon ein Stückchen richtiger Bootsbauer-Arbeit. Die reine Schipjack gibt nun außerdem das Ausstraken der Planken an Bootsbauer-Arbeit dazu, im übrigen aber ist von ihr bis zum rundspantigen Boot denn doch noch ein größerer Schritt als umgekehrt von ihr zur Kastenscharpie. Für den Anfänger bietet die Schipjack immerhin noch keine unüberwindlichen Schwierigkeiten, es ist nur kein Boot mehr zum Alleinbauen, man braucht beim Einpassen und Anbringen der Planken noch eine zweite Hand. Aber gegenüber dem rundspantigen Boot hat sie den Vorzug der glatt zusammenzunietenden Rahmenspanten (oder Mallen) und der breiten Planken — beides für den Anfänger (wenn auch nicht für den geübten Bootsbauer) sehr schätzbare Vorteile.

Es will sogar scheinen, als sei die Schwierigkeit gegenüber dem nur im Boden geknickten Spant recht unerheblich vergrößert. Das scheint indessen nur so, der Unterschied ist doch sehr beträchtlich.

Gewiß, das bißchen Mehrarbeit, das der zweite Knick beim Zusammennieten der Spanten macht, und das Einbiegen einer zweiten Kimmleiste kommt nicht in Betracht. Dazu kommt aber die Schwierigkeit, die im eigentlichen Plankenverlauf liegt. Bei jeder Schipjack ist mindestens eine Planke auf jeder Seite, in der Regel aber sind sogar alle Planken außer der obersten auf- und niederstehenden von ihrer flachen Lage im Mittelschiff gegen das Vorschiff hin steil zu biegen, um schließlich gegen den Steven fallen zu können. Von der Schwierigkeit dieses Hinbiegens sprach ich schon oben gelegentlich der starken Kimmleisten. Der Laie pflegt sie stets zu unterschätzen, es ist aber dies eine Plage, die nicht nur Zeit und Mühe, sondern auch Geld und kostbares Material kostet. Denn es kommt wohl vor, daß drei oder noch mehr schöne breite Planken bei dem Versuch des Hinbiegens — vielleicht heimtückischerweise erst gerade beim letzten Nagel — reißen und platzen, namentlich wenn man kurzbrechendes Holz, wie etwa Gabun, verwendet. Selbst Kiefer pflegt hier leicht zu reißen, namentlich (ev. auch noch nachträglich!) in der Nagelungslinie. Je breiter die Planke, um so größer die Gefahr. Jedenfalls versuche man nicht, die erforderliche Lage durch gewaltsames Hinpressen zu erreichen, dabei kommt nie etwas Gutes heraus. Es empfiehlt sich vielmehr, die Planke vor dem Befestigen an der betreffenden Stelle über Dampf tatsächlich flügelig, also um ihre ganze Achse zu drehen, eher etwas zu viel als zu wenig. Einen guten Schutz gegen das Einplatzen gibt es auch, wenn man das Holz vor dem Biegen auf beiden Seiten mit starkem Papier beklebt.

Die Beplankung selber wird bei dem doppeltgeknickten Spant schwieriger, weil nun eine Mittelplanke vorhanden ist, für die ich nicht mehr das bequeme Mittel anwenden kann: Wegschneiden, was übersteht! Diese Planke muß also zuerst aufgezeichnet werden, zu welchem Zweck man sich am Bootsrumpf durch eine breite Straklatte („Ree") eine gerade Linie markiert und nun in bestimmten Abständen die Entfernung der Plankenkante von dieser Geraden mit dem Zollstock abmißt. Dieses etwas primitive Verfahren genügt für unsere Zwecke vollständig, man erhält dann, wenn man diese Maße auf die Planke überträgt, eine Reihe von Punkten, die man mittels einer dünnen Straklatte verbindet. Dann hat man annähernd die Plankenform fertig — alles übrige kann man dann ausprobieren.

Abb. 31. 10 qm-Schipjack.

4. Spieren und Beschläge

Die Herstellung von Mast und Spieren pflegt dem ungeübten Anfänger etliche Schwierigkeiten zu machen. Hat er während des Baues das ebene Hobeln schließlich nach mannigfachen mißglückten Versuchen gründlich erlernt, so ist ihm doch die Kunst des Rund-Hobelns noch einigermaßen ein Buch mit sieben Siegeln. Dazu kommt, daß wir auf unseren doch nicht gar zu stabilen kleineren Jollen tunlichst an Topgewicht sparen müssen, daß wir also leichte Masten und Spieren brauchen. Vor dem Kriege war das freilich eine einfache Sache, da spielte der kleine Preisaufschlag für einen echten Spruce-Mast keine erhebliche Rolle, und man bekam dann für eine 5 qm-Jolle etwa 4 kg, für eine 10 qm-Jolle 6 kg Mastgewicht. Da brauchte man an Aushöhlen nicht unbedingt heran.

Jetzt aber sind wir doch auf unsere einheimischen Tannen und Kiefern angewiesen, und überdies hat uns die „Markoni-Grippe" mit ihren himmelwärtsstrebenden Masten befallen, da geht's schon ohne hohle Spieren kaum ab. Und 's ist auch wirklich keine gar so schlimme Sache.

Denn man muß bedenken, daß es für den Anfänger in Anbetracht der oben erwähnten Rundhobelkunst wesentlich einfacher ist, eine vierkantige Bohle als ein Rundholz zu bearbeiten. Von dem vierkantigen Mast kann man schön erst alle vier Kanten abstoßen und erhält dann einen achteckigen Mast, der bereits etwas Rundähnliches an sich hat; setzt man dann das Kantenabstoßen bei diesem achteckigen Mast fort, so ist der runde Mast da, ohne daß man sich von der sicheren Grundlage des Hobelns an aufgezeichneten Linien entlang hat zu entfernen brauchen. Die runde Spiere aber ist ein Ding, an dem man nur zu leicht die Orientierung verliert, so daß man es zu spät erst merkt, wenn man irgendwo des Guten mit dem Hobel zu viel getan hat.

Also schneiden wir uns als Anfänger unsere Masten hübsch von der astfreien Kante etwa einer anderthalbzölligen Kiefernbohle. Wir haben dann für eine 10 qm-Jolle zwei Masthälften von rund 8 × 4 cm. Nun markieren wir uns die Stellen, an denen der Mast 7, 6, 5 cm stark ist, und außerdem die Stellen stärkster Beanspruchung. (Deckdurchgang, Gaffelschuh, Reling, Top) — letztere bleiben voll. Die übrigen Teile werden auf der Maschine so gefräst, daß an der dünnsten Stelle jedes Teils noch 10—12 mm Wandstärke stehen bleiben. Hat man keine runden Fräs-Einsätze zur Verfügung, so genügt auch ein vierkantiges Aushöhlen: bis zu 7 cm Mastdurchmesser etwa 32 × 18 mm, bis 6 cm 26 × 13 mm, bis 5 cm 22 × 9 usw. Da die Maschine nicht konisch fräsen kann, so behilft man sich auf diese Weise mit einem Fräsen in etwa 3 Absätzen. Ein Versuch des Aushöhlens ohne maschinelle Hilfe kann dem Anfänger nicht angeraten werden; wo eine Fräsmaschine zur Verfügung steht, ist das Aushöhlen die Arbeit weniger Minuten; wo es an Maschinen fehlt, begnüge man sich mit dem vollen Mast.

Die beiden Hälften des Mastes werden bald nach dem Fräsen mit einer Mischung von Quark und ungelöschtem Kalk wasserdicht verleimt, wobei es sich empfiehlt, durch den Mast an den „Knoten" (den Stellen, die voll geblieben sind) je einen Niet zu ziehen. Läßt man die Hälften längere Zeit liegen, so werfen sie sich stark, und man hat dann unter Umständen Mühe, sie beim Leimen gut aufeinanderzupassen.

Wer sich gleich dem Verfasser noch nicht zur alleinseligmachenden Markoni-Takelung durchgerungen hat, wird auch mit dem Gedanken einer hohlen Gaffel liebäugeln, um Topgewicht zu sparen. Für kleinere Jollen ist diese Ersparnis indessen recht gering, namentlich wenn man sich doch mit vierkantigem Fräsen begnügen müßte. Die Gaffel wird bei 3 m Länge etwa 5 Pfund wiegen, und es wäre höchstens $\frac{1}{2}$ kg zu sparen. Da empfiehlt es sich doch wohl, die ganze Leimschwierigkeit zu umgehen und die Gaffel aus einem Stück zu arbeiten. Den Baum wird man ohnedies nicht aushöhlen wollen. —

Die fabelhafte Preissteigerung, die sich im Segelbootsbau schon während des Krieges, aber besonders seit Kriegsende durchgesetzt hat, hat das Bedürfnis zum Selbstbau außerordentlich gesteigert. Und in der Tat wird dies in der kommenden Zeit für viele Segler der ausschlaggebende Grund sein, sich zum eigenen Bau zu entschließen; spart man doch augenblicklich etliche 1000 M., wenn man etwa für eine 10 qm-Jolle selbst zu Säge und Hobel greift. Das heißt: man kann so viel sparen. Dazu ist allerdings erforderlich, daß man alle nicht unbedingt nötigen Kosten nach Möglichkeit herunterzuschrauben sucht. Und zu diesen Kosten rechne ich in erster Linie die für Beschläge. Die Preise hierfür hielten sich bereits in Vorkriegszeiten durchaus auf der Höhe von Luxusartikeln, sie haben, unterstützt durch die Knappheit gerade an Kupfer, Messing, Zink, sich beeilt, die allgemeine Steigerung der Bootspreise ihrerseits zu überbieten.

Freilich — eine Schmiede kann man nicht auch noch gleich „nebenbei" haben, wenn man schon eine Holzbearbeitungsfabrik als wünschenswerte Beigabe für den Selbstbau beansprucht hat. Aber es läßt sich auch ohne eine solche allerlei sparen.

Da heißt es zunächst, auf den Reffer zu verzichten. Ich habe mich schon immer vor dem Kriege baß gewundert, weshalb auch die kleinste Jolle nicht ohne einen „richtiggehenden Patentreffer" vom Stapel laufen konnte. Ich bin auch auf viel größeren Jollen ohne jeden Reffer ausgekommen, und wage zu behaupten, daß bis zu etwa 20 qm Großsegelfläche der Reffer überhaupt entbehrlich ist. Man kann hier ebensogut die Baumklau vom Mast heben und das Segel mit der Hand aufrollen. Dann kann man sich also diese Klau aus Holz selbst anfertigen und sorgt nur dafür, daß die Enden nicht gar zu dick werden und nicht zu lang am Baum auslaufen, damit das Segel sich darüber hinwegrollen läßt.

Selbst anzufertigen sind weiter alle Püttings und Winkel aus einfachem gelochten Bandeisen, das man beim Althändler auftreibt. Man schlägt einfach die nötige Länge vom Stück ab, streicht das Eisen vor dem Anbringen gegen Rost und benutzt nun für die Püttings die unteren Löcher als Schrauben- oder Nietlöcher und das letzte als Decksauge zum Einschäkeln der Spanner. Aus demselben Material verfertigt man sich die Winkel zum Abstützen des Schwertkastens, aus demselben Material auch vor allem Steven- und Ruderbeschlag.

Zu diesem Zwecke schraubt man vor dem Anbringen des Zierstevens ein Stück Bandeisen am Bausteven fest und benutzt wieder das oberste Loch ähnlich wie bei den Wantenpüttings zum Einschäkeln des Vorstags. Man braucht dann auf den Ziersteven nur zum Schutze ein halbrundes Eisenband zu legen und hat den ganzen kunstgerecht hergestellten Stevenbeschlag gespart. Beim Schleppen und dergl. wird man sich ja doch nicht auf den kunstvollst verschraubten Stevenbeschlag verlassen, sondern das Ende um den Maststuhl herum befestigen.

Überhaupt soll man sich für stärkste Beanspruchungen grundsätzlich nicht auf einfache Schrauben verlassen. Dies gilt insbesondere für den Ruderbeschlag. Auch diesen fertigt man sich daher schon aus dem Grunde selbst an, damit einem nicht etwa eines schönen Tages die kleinen Schrauben, mit denen die fertiggekauften Beschläge lediglich in den Spiegel geschraubt sind, herausreißen. Ich empfehle statt dessen die folgende einfache Konstruktion.

Um die Ruderbacken werden zwei Stücke des genugsam erwähnten Allheilmittels, des gelochten Bandeisens gelegt. Diese werden um die Vorderkante der Ruderbacken einfach kurz herumgebogen, in die Mitte dieser Kante wird eine Nut gehobelt. In den Spiegel werden zwei Augbolzen mit Mutterschrauben geschraubt und durch diese und die Nut einfach eine Eisenstange gesteckt.

Letzere ragt mit ihrem unteren Ende etwas unter den letzten Augbolzen hinaus, sie trägt an ihrem oberen Ende einen gestauchten Kopf oder einen Ring, der sie gegen das Durchrutschen sichert. Dieser Kopf liegt oben auf der Doppelpinne auf, die man zu diesem Zwecke ohne jede Angst um ihre etwaige Schwächung durchbohren kann. Das Ruder kann man auf diese Weise losnehmen, indem man einfach diese Stange nach oben herauszieht, und es wird genau so einfach durch Einstecken der Stange wieder befestigt. Ich habe mir diese Eisenstange früher einmal in der Not aus einem Feuerhaken durch Abbeißen des Hakenendes hergestellt und empfehle eine ähnliche „Konstruktion" zur Nachahmung. Sie ist erprobt.

Abb. 32. 20 qm-Jolle.

5. Das Werkzeug

Freude oder Enttäuschung beim Selbstbau wird in erheblichem Maße von dem zur Verfügung stehenden Werkzeug abhängen. Es ist keine Frage, daß es viel unnötige Arbeit macht, wenn man sich alle Augenblicke „behelfen" muß, weil das dafür geeignetste Werkzeug nicht vorhanden ist. Es ist aber auch keine Frage, daß die Beschaffung von Werkzeug den Bau ganz erheblich verteuert. Ich möchte gleichwohl empfehlen, den Werkzeug-Ankauf als eine Anschaffung „auf Dauer" anzusehen, d. h. also die Kosten nicht dem Bootsbau allein hinzuzuschlagen. Dann braucht man nicht gar zu ängstlich beim Kauf zu sein — und das ist von großem Vorteil.

Das erforderliche Werkzeug hängt von der Wahl des Bootstyps und von den etwa vorhandenen Maschinen ab. Ich kann mir denken, daß einer an den Bau einer Kastenscharpie lediglich mit seinem häuslichen Werkzeugkasten herangeht und nichts Wesentliches entbehrt, während ein anderer etliche 100 Mark oder mehr für Werkzeugsbeschaffung ausgibt. Wir wollen daher das Nötige und das Wünschenswerte an Werkzeug hier zum Schlusse kurz zusammenstellen und erläutern.

Der häusliche Werkzeugkasten wird etwa enthalten: Fuchsschwanz, Hobel, Stechbeitel, Hammer, Zange, Feile, Nagelbohrer, Schraubenzieher. Lassen wir die Ergänzungsmöglichkeiten an uns vorüberziehen.

Wenn die Maschine alle grobe Schneidearbeit übernimmt, wird ein guter Fuchsschwanz als einzige Säge in der Tat ausreichen. Das heißt, er kann ausreichen. Empfehlenswert ist jedenfalls ein Fuchsschwanz mit auswechselbaren Einsätzen („Nestsäge") verschiedener Größe und Feinheit. Denn schon für den Schwertschlitz und ähnliche Arbeit wird man eine Stichsäge vermissen. Wenn man die Planken usw. selbst schneiden will, reicht der Fuchsschwanz nicht aus, dann muß man eine größere Säge (aber mit nicht zu grobgezahntem Blatt!) hierzu erwerben. Erwünscht ist weiter eine ganz feingezahnte sogenannte Rückensäge zum Aussägen aller Klein- und Feinarbeit am Boot, bei der das Holz nicht erst splittern darf.

Das eigentliche Kreuz beim Selbstbau ist der Hobel, und zwar schon deshalb, weil er das einzige Werkzeug ist, das sicher nicht ohne sachgemäße Behandlung, ohne Schleifen und Abziehen, den Bau auch nur eines Bootes überdauert. So gehört also zum Hobel als unbedingt notwendige Ergänzung der Schleifstein und der Abziehstein (Ölstein).

Es läßt sich nun einmal nicht vermeiden, daß man mal mit dem Hobel über einen Nagel fährt und ihm dabei eine niedliche Scharte beibringt, und es gehört viel Ruhe und Geduld dazu, um dann jedesmal mit der Arbeit auszusetzen und erst eine Viertelstunde, eine halbe Stunde zu schleifen. In dem Stadium des Abputzens wird es jedem Anfänger sogar mehrmal des Tages passieren, daß ein nur halb versenkter Nagel, eine schief stehende Schraube dem Hobel zum Verhängnis wird. Da gilt es also, die Ruhe und den Willen zum sauberen Arbeiten zu bewahren, d. h. nicht mit dem schartigen Hobel weiter drauflos zu „wursteln", sondern jedesmal zum Schleifstein zu wandern.

Für den Bau einer Kastenscharpie kommt man mit einem Hobel aus. Für grobe Schrubbarbeit gibt man ihm etwas mehr Eisen und stellt die „Klappe" etwas zurück, für die Putzarbeit stellt man ihn ganz fein ein. Erwünscht ist für die Paßarbeit namentlich im Deck eine Rauhbank, für die Kleinarbeit ein amerikanischer Eisenhobel von 9 cm Länge und ein Schabhobel. Beim Schipjack-Bau mit Kiel wird man ohne einen kleinen Simshobel schwerlich davonkommen. Bei der geringen späteren Verwendbarkeit von Rauhbank und Simshobel wird man sich mit Recht nur schwer zu der großen Ausgabe namentlich für die erstere entschließen und sich, falls es irgend geht, mit einer „Anleihe" behelfen. Den kleinen Eisenhobel dagegen wird man auch später an Bord wie im Hause vielfach verwenden können.

Scharfe Stechbeitel sind bei vielerlei Arbeiten erwünscht. Mit einem Eisen mittlerer Breite wird man sich behelfen können, drei Stechbeitel mit ½, 1½ und 3 cm breiter Schneide genügen allen Anforderungen, wenn man nicht etwa für das Ausarbeiten der Sponung gerade ein 2 cm-Eisen braucht.

Der Hammer des Werkzeugkastens, der in der Regel 200 g zu wiegen pflegt, ist durch einen 100 g-Hammer für die Nietarbeit zu ergänzen. Auch die einfache Kneifzange genügt nicht, weil man eben für diese Nietarbeit eine recht scharfe Beißzange braucht, daneben wird eine Flachzange gute Dienste tun, sie ist z. B. schon als Ersatz für einen Nietanzieher verwendbar. Diesen selber wird man dann entbehren können, und ebenso läßt sich das Vorhalt-Eisen leicht ersetzen, wohingegen ein Senkstift unerläßlich ist.

Die mehr oder weniger feine Nagelfeile des häuslichen Handwerkskastens muß sich gleichfalls eine Ergänzung gefallen lassen. Eine recht große und recht grobe Raspel und eine ebensolche mittlerer Größe sind für den Selbstbauer unentbehrlich. Er wird manches, was nicht gleich so recht „hingekommen" ist, zu korrigieren haben, und dabei hat die Raspel für den Laien den Vorzug, daß er ihre

Wirkung in jedem Augenblick kontrollieren kann, weil sie hübsch allmählich arbeitet; es kann ihm hierbei nicht passieren, daß einmal, wie etwa bei anderen Schab- und Schlichtinstrumenten, ein Spon zu viel wegfliegt und dadurch die ganze Arbeit zunichte gemacht wird. Ich habe einen Selbstbauer sogar die gesamten Schmiegen an Spanten und Nahtlatten, mit der Raspel arbeiten sehen, und es ist wunderbar ordentlich und genau geworden — mit dem Hobel wär's freilich fixer gegangen, aber wer weiß, ob's ebenso sauber ausgefallen wäre.

Bohrer und Schraubenzieher in der üblichen primitiven Art reichen natürlich nicht aus, wenngleich man sich beim Vorbohren und Einziehen von Schrauben auch mannigfach behelfen kann, falls man etwas Erfindungsgabe hat. Jedenfalls würde das Ideal, der „komplette Satz", um in der „Fachsprache" zu reden, aus folgendem Werkzeug bestehen: ein großer Drillbohrer mit Einsätzen zum Vorbohren von Nägeln und kleinen Schrauben, also mit so großem Fuß, daß er Bohrer bis zu 3 mm mindestens aufzunehmen vermag, 3 Zentrumsbohrer mit einem Satz Bohrer von 2 bis 6, 8 mm (dazu Gewindebohrer von 10 und 12 mm), mehrere Schraubzieher- und 2—3 Krauskopfeinsätzen, weiter ein starker Handschraubenzieher (aber kein Spielzeug!) ein Satz Handbohrer („Nagelbohrer") von 2—8 mm und ein „Amerikaner", d. h. ein Patentschraubenzieher zum Einziehen kleiner Schrauben (augenblicklich nur zu Luxuspreisen erhältlich).

Ich habe gerade hier einmal die Idealausstattung angeführt, weil das Schrauben-Einziehen zu den mühseligsten und eintönigsten Arbeiten beim Selbstbau gehört und jede Erleichterung hierbei der Freude am ganzen Bau zustatten kommt. Überdies wird dann nicht mit Schrauben gespart, und das ist beim Bau eine große Gefahr. Wer alles schön bei der Hand hat, dem kommt es nicht darauf an, einmal eine Schraube in der Bodenwrange nachträglich einzuziehen. Wer dazu erst dreimal den Einsatz im Zentrumsbohrer wechseln muß, weil er nur eine Brustleier hat, und dann die Schraube erst einmal wieder herausdrehen muß, weil er keinen passenden Bohrer zum Vorbohren hatte — der wird's eben lassen und denken: Es geht auch so. Freilich, es geht auch so, aber auf Kosten des soliden Baues. Darum ist das Werkzeug für das Schrauben-Einziehen so wichtig.

Natürlich kommt man auch mit weniger aus, und kein vernünftig rechnender Mensch wird sich für ein zu bauendes Boot 3 Zentrumsbohrer kaufen. Er wird vielmehr nach Möglichkeit recht viele Schrauben auf einmal vorbohren, aufreiben und einziehen, um die Einsätze möglichst wenig wechseln zu müssen.

Aber er wird sich gern möglichst vieles dazuleihen, um annähernd die ideale Ausrüstung zu erreichen. Auch den „Amerikaner" kann er entbehren, er wird dafür die dreifache Zeit an Schraubarbeit ansetzen und sich damit trösten, daß er dafür ein Deck bekommt, in das der abrutschende Patentzieher keine Löcher gehackt hat.

An eigentlichem Bootsbauer-Werkzeug fehlt für den Scharpie- und Schipjack-Bau nun nicht mehr viel.

Ein Winkel und eine Schmiege, eine Wasserwage und ein Lot, ein Zirkel und ein Zollstock — das wäre so ziemlich alles. Hiervon wäre die Wasserwage schlimmstenfalls zu entbehren, weil sie immer durch das Lot zu ersetzen ist, das heißt man kann die durch die Wasserwage vorzunehmende Prüfung leicht in eine Aufgabe umwandeln, die durchs Lot zu lösen ist (ev. mit einer kleinen Hilfskonstruktion). Das Lot kann man sich natürlich selbst anfertigen.

Nun fehlt aber noch ein Handwerkzeug, das nie in zu großer Menge vorhanden sein kann und immer in viel zu kleiner Menge vorhanden zu sein pflegt: die Schraubzwingen. Man sollte kein Boot zu bauen beginnen, ohne eine größere Zahl von guten Schraubzwingen, denn deren Fehlen bedeutet nicht nur eine außerordentliche Erschwerung der Arbeit, sondern wird auch die Quelle von Unsauberkeiten im Bau und selbst von größeren Beschädigungen. Beim Beplanken namentlich muß man jede Planke in aller Ruhe festgeschraubt kontrollieren können, ehe man sie endgültig anbringt. Wenn man eine widerspenstige Planke am Steven heiß hinzubiegen hat, so bedeutet eine im entscheidenden Augenblick abrutschende Zwinge unfehlbar den Bruch der Planke, also einen Materialschaden und Arbeitsverlust, der den Preis einer Schraubzwinge reichlich aufwiegt. Es sollen also mindestens 3 größere und 3 kleinere Zwingen zur Verfügung stehen. Natürlich wird sich ein findiger Kopf auch hier unter Umständen zu behelfen wissen. Ich habe einmal einen Selbstbauer die ganze Deckschlinge ohne Zwinge einpassen sehen, indem er sie mit einem laufenden Ende ganz listig an den Decksbalken festzurrte. Gewiß: Not macht erfinderisch, und unter Umständen ist es ja eine größere Freude, einen Ersatz ausfindig zu machen, als die, mit einem vollen Überfluß an gutem Werkzeug arbeiten zu können. Aber wie jedes Ding, so hat auch dies seine zwei Seiten, und dicht neben die Freude haben die Götter hier die Enttäuschung gesetzt.

Ich möchte diese Zeilen nicht schließen, ohne noch nachdrücklichst auf den wichtigsten Schraubzwingen-Ersatz hingewiesen zu haben: Die zweite Hand. Nur ganz „Unentwegte" dürfen einen Bootsbau ohne zweite Hand versuchen. Ein Helfer ist für den Rohbau, für Beplanken und Nieten ebenso unentbehrlich wie für den späteren Ausbau. Wer ganz auf sich allein angewiesen ist, braucht mehr als die doppelte Zeit und wird trotzdem nie und nimmer so genau und sauber arbeiten können wie mit einem Arbeitshelfer. Auch hier habe ich manche geschickte Erfindung gesehen, um selbst beim Kielunten-Bau die fehlende zweite Hand gelegentlich zu ersetzen, aber ich kann keinem die Wiederholung solcher Versuche empfehlen. Lust und Freude am Werk sind die wichtigste Vorbedingung für das glückliche Gelingen. Da muß der zweite Mann die gelegentlich schwach werdenden Nerven stützen, und er wird es um so besser können, je freudiger er selbst auch bei sogenannten untergeordneten Arbeiten bei der Sache ist.

Abb. 33. Beim Selbstbau
(5 qm-Schipjack, Entwurf Reinhard Drewitz).

IV. Bootstypen

1. Geschichtlicher Überblick

Deutschland hat sich erst ganz allmählich — entsprechend dem durch seine Geschichte bedingten langsamen Aufschwung im 19. Jahrhundert — in den Rahmen des internationalen Segelsports eingefügt. Es fehlte zunächst an dem lebendigen Interesse des aus England importierten neuen Sports, es fehlte an wirklicher Versuchsfreudigkeit (an der unser Sport noch in den letzten Jahrzehnten gekrankt hat, obgleich er inzwischen allzu schnell das repräsentative Element zu betonen gelernt hatte), es fehlte an der Indienststellung größerer Kapitalien für diesen Zweck.

In dieser Hinsicht war der amerikanische Segelsport, dessen Anfänge zeitlich mit dem Beginn des Segelsports in Deutschland zusammenfallen, weit voraus. Amerika hat überraschend schnell den alten englischen Sport eingeholt und zum Teil überflügelt.

Die Geschichte des modernen Sportbootes setzt ein mit dem Wagnis des scharfen Vorschiffs. Bis dahin war der völlige, dicke Bug und ein schlankes, lang ausgezogenes Achterschiff Trumpf gewesen.

Man erbaute die Jachten nach dem Rezept: Dorschkopf mit Makrelenschwanz, etwa nach dem Grundsatz, den noch vor wenigen

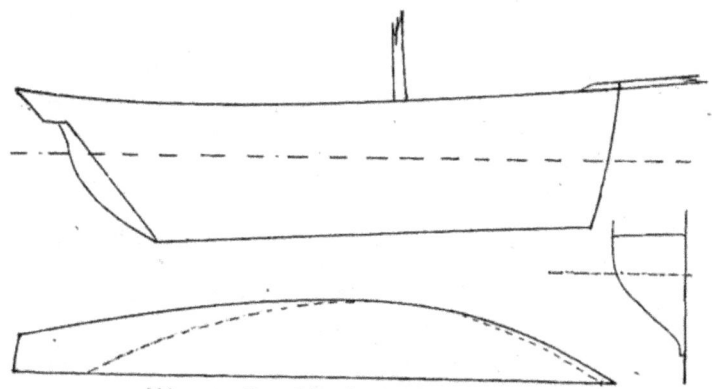

Abb. 34. Dorschkopf mit Makrelenschwanz.

Jahren einer der ältesten Berliner Segler mit gelassener Selbstverständlichkeit aussprach: „Durchs Wasser müssen sie doch, aber wie es hinten wieder abläuft, darauf kommt es an!"

Am 23. August 1851 sank der Ruhm dieser Boote dahin. Hier siegte der Schuner „Amerika" über 14 der besten englischen Jachten in einem ganz unglaublichen Stile, und dieser Schuner hatte als erstes Segelboot die modernen scharf anlaufenden Linien im Vorschiff, hatte auch als erstes Segelboot ganz flach getrimmte, brettähnliche Segel, die den gleichmäßig gebauchten damaliger Zeit um genau so viel und noch stärker überlegen waren wie das moderne parabolisch geschnittene Segel dem brettähnlich gespannten.

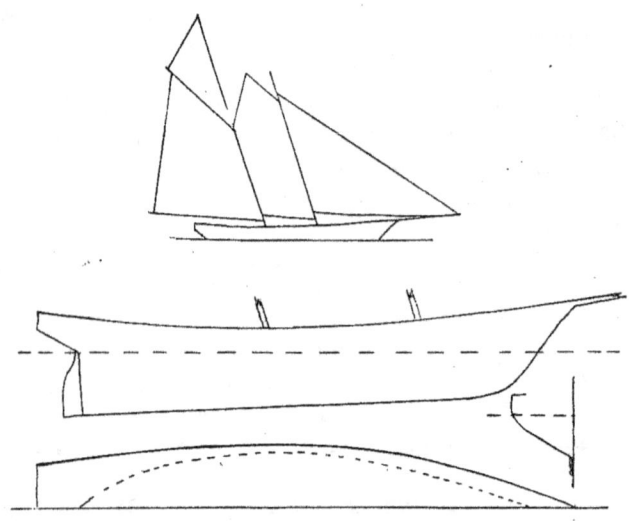

Abb. 35. Der Schuner „Amerika", entworfen von Steers.

Von den Jachten der Neuzeit unterschied sich die „Amerika" äußerlich durch den starken Fall ihrer Masten, im Unterwasserschiff durch die lange Form des sogenannten Lateralplans, die eine schwerfällige Manövrierfähigkeit bedingt. Die Linien aber ähneln denen neuester Boote.

An dem Unterwasserschiff, an dem Beschneiden des sogenannten Totholzes setzt nun die weitere Entwicklung des Segelbootes ein. Amerikanische, englische Konstrukteure und als erster deutscher der Marinebaumeister Saefkow wetteiferten in der Schaffung von Jachten, die im Wasser enger zusammengeholt waren als die Amerika und die ältesten Boote, und waren drauf und dran, hier

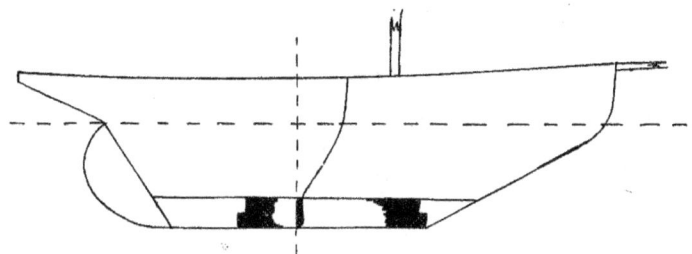

Abb. 36. Die deutsche „Lolly", entworfen von Saefkow.

das Richtige zu finden, als von Amerika das Schwertboot erfunden wurde und die Siege der ersten riesigen Schwertjachten dem Kielboot überhaupt das Todesurteil zu sprechen schienen.

Aber England brachte aufs neue das Kielboot zu Ehren, und dem genialsten aller Jachtkonstrukteure, dem später erblindeten Herreshoff, war dann es vorbehalten, das englische Erbe für Amerika neu zu gestalten und in der Gloriana den Urtyp der modernen Segeljacht zu schaffen. Er wagte es als erster, das Vorschiff ganz zu beschneiden, obgleich man ihm vorausgesagt hatte, daß ein Boot dieser Art im Seegang überhaupt nicht kreuzen könne, da es mit dem Bug seitlich durchs Wasser gedrückt werden würde, wenn ihm der sogenannte Vorfuß, das vordere Totholz fehlte. Herreshoff blieb fest. Hatte man doch den ersten Eisenbahnen geweissagt, daß eiserne Räder auf eisernen Schienen nicht rollen, sondern gleiten

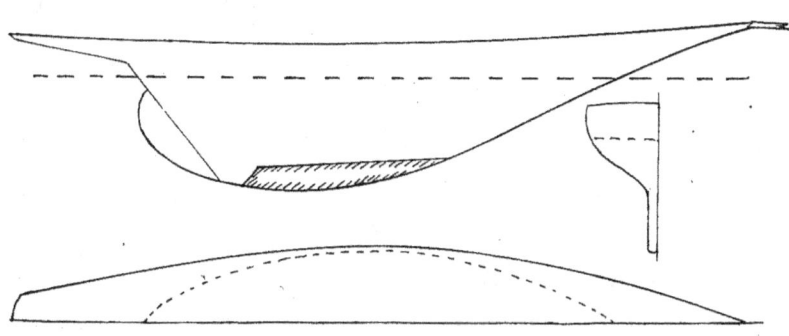

Abb. 37. Die amerikanische „Gloriana", entworfen von Herreshoff.

würden! Und es war doch gegangen. Es ging auch ohne den Vorfuß im Seegang. 1891 siegte Gloriana bei jedem Wind und Wetter über alle vorhandenen Segeljachten.

Die Linien der Gloriana sind die der modernen Jacht. Das Prinzip ist klar ausgeprägt. Tiefe Lagerung des Ballasts, geringe Reibungsfläche im Wasser, Überhänge vorn und achtern, der Flossenkiel — schlanke Linien im Vorschiff, ein völliges Achterschiff.

Nun ging Herreshoff noch einen Schritt weiter — er vereinigte die Vorzüge des Schwertbootes mit denen der Kieljacht, indem er das Unterwasserschiff völlig beschnitt, nur noch die Platte wie beim Schwertboot stehen ließ, aber unten an diese Platte den Ballast in Wulstform bolzte: es entstand der Wulstkieler, als dessen Vertreter der „Bubble" in Deutschland Sieg und Ehren errang.

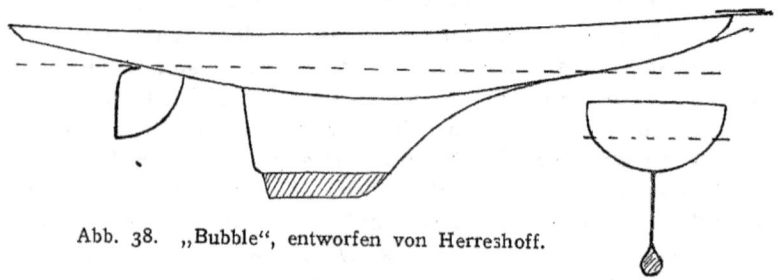

Abb. 38. „Bubble", entworfen von Herreshoff.

Beide Typen, der Flossenkieler und der Wulstkieler, sind von der modernen Konstruktionstechnik mannigfach ausgebaut und verbessert worden — das Grundprinzip ist dasselbe geblieben.

In den kleineren Klassen dagegen hatte sich das Schwertboot bereits damals das Feld erobert. Man muß dabei allerdings bedenken, daß es Kleinsegelei in unserem Sinne noch nicht gab. Alles, was sich zum wirklichen Sport zählte, alles, was Rennen bestritt, tat es nicht unter 40—50 qm Segelfläche.

Mit dieser Einschränkung nur darf man also für die 80er und 90 er Jahre und noch für den Anfang unseres Jahrhunderts von „kleinen" Klassen reden. Hier war das Schwertboot Trumpf geworden, das durch ganz ungewöhnliche Breitenmaße und noch ungewöhnlicheren lebenden Ballast die allerungewöhnlichsten Segelflächen zu tragen imstande war, bzw. manchmal auch nicht dazu imstande war. Es entstanden die sogenannten Flundern, von denen Abb. 39 einen englischen Vertreter zeigt.

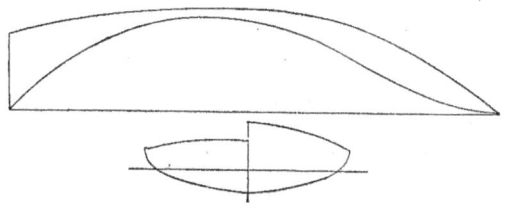

Abb. 39. Eine englische Flunder.

Die extremsten dieser Boote trugen bei 8 m Länge bis zu 150 qm Segel. Gesegelt wurden sie mit 15—20 Mann zu Luvard, von denen jeder einen 50 Pfund schweren Bleisack in der Hand trug, den er getreulich bei jedem Überstaggehen mit nach Luv zu nehmen hatte.

Aber auch damit war man noch nicht zufrieden. 1897 konstruierte O. Krüger den Trirumpf, das Vorbild vieler schneller Jachten, der ein ganz schmales schlankes Wasserschiff mit einem großen Überwasserschiff verband. Bei Neigungen kam also der weit ausladende Bootskörper zum Tragen und gestattete es, die Segelfläche auszubalancieren, während raumschots und vor Wind der schmale, kanuartige Rumpf durchs Wasser fegte.

Amerika hatte inzwischen das Gegenstück, den Prahm erfunden. Weil man die Länge beschränken wollte, wurde die Breite

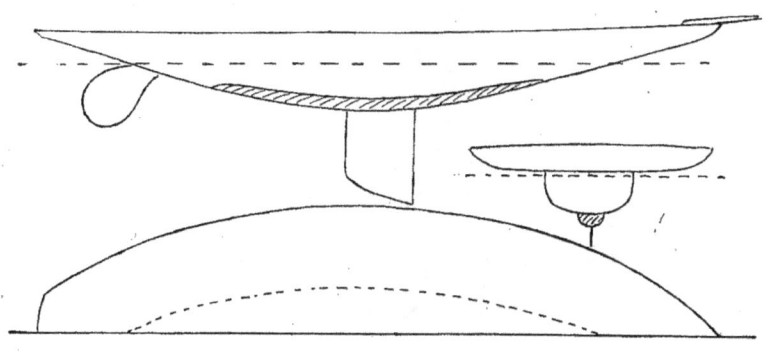

Abb. 40. Der deutsche „Trirumpf", entworfen von O. Krüger.

von vorn bis achtern ausgenutzt. Einen modernen Vertreter dieses breitschnauzigen, kastenförmigen Typs zeigt Abb. 41.

Das kleine Boot aber stand, wie gesagt, abseits vom Wege sportlicher Entwicklung. Es fristete ein verträumtes Dornröschendasein oder auch Aschenputteldasein bei weniger glücklichen Wasserfreunden, abhold allem sportlichen Ehrgeiz. Keines Konstrukteurs Hand mühte sich mit seiner Formengebung ab, kein Fünkchen der Begeisterung, die die glücklicheren Schwestern durchlohte und die zu immer neueren, immer kühneren Formen und Versuchen trieb, fiel in sein beschauliches Dasein.

Man überließ es der mehr oder minder geschickten Hand des Bootsbauers, einen kleinen Kahn zusammenzuzimmern. Vorwärts segelten sie ja schließlich alle, und so schnell wie die Großen waren sie ja doch nicht, konnten sie auch nie werden — davon war jedermann felsenfest überzeugt. Was hätten die Segler von damals wohl für Augen gemacht, wenn man ihnen hätte erzählen können, daß 20 oder 30 Jahre später eine 6 m-Jolle schnellstes Boot einer ganzen Wettfahrt sein würde, daß ein 15 qm-Boot Jachten mit über 100 qm Segeln auf allen Gangarten zu schlagen imstande wäre!

Abb. 41. Ein moderner Vertreter des Prahmtyps.

Abb. 42. 15 qm-Jolle mit schlankem Vorschiff.

2. Das Unterwasserschiff

Nachdem wir so einen flüchtigen Überblick über die Geschichte des modernen Sportbootes gegeben haben, wollen wir uns nun näher mit den wesentlichen Unterscheidungsmerkmalen der Boote untereinander, mit ihren Formen und Linien beschäftigen. Wir haben auch bei dem kurzen Rückblick auf die Vergangenheit absichtlich nicht, wie es gewöhnlich geschieht, nach gewissen Äußerlichkeiten, nach der Größe der Jacht oder nach dem Besitzer, geurteilt, sondern hier bereits die für die konstruktive Fortentwicklung entscheidenden Momente in den Vordergrund gestellt. So wollen wir auch hier zunächst alle äußeren Unterscheidungsmerkmale der Boote und Jachten untereinander zurückstellen und uns einen Augenblick mit dem Problem der Linienführung beschäftigen, das allen Booten gemeinsam ist.

Wir gehen aber auch hier folgerichtig wieder zunächst vom kleinen Boote aus.

Wir haben oben bereits von allerlei Linien und Schnitten gesprochen, die für die Beurteilung der Geschwindigkeit eines Bootes von Bedeutung sind. Der Laie meint gewöhnlich, daß es doch eine recht einfache Sache sein müsse, die für die Geschwindigkeit günstigsten Linien rechnerisch oder experimentell festzustellen. Und in der Tat haben wir ja Versuchsanstalten*), die durch ein raffiniert ausgestaltetes System den Widerstand bestimmter Bootsformen im Wasser und die besten Linien für bestimmte Geschwindigkeiten an kleinen Schleppmodellen erproben. Aber wohlgemerkt: für bestimmte Geschwindigkeiten. Und hier ist der Punkt, der das Experiment für den Segelsport unbrauchbar macht. Die treibende Kraft ist beim Segelboot nicht wie etwa beim Motorboot oder Dampfschiff konstant, dementsprechend muß die Konstruktion eines Segelbootes auch auf sehr verschiedene Geschwindigkeiten Rücksicht nehmen: vom 15 km-Tempo bei steifer Backstagsbrise bis zum kaum merkbaren Dahinschleichen bei Flaute. Und überdies ändert sich auch, wie bereits oben erwähnt, der Neigungswinkel des Bootes fortgesetzt, sodaß sich auch dieserhalb die Wasserlinie dauernd verändert.

Welche Folgerungen ergeben sich hieraus für die Form der Schwimmwasserlinie des Bootes? Zunächst die, daß der Gleitboottyp in Reinkultur unmöglich ist. Der Gedanke, Segelboote wie die Motorrenner so zu konstruieren, daß sie bei zunehmender Geschwindigkeit immer mehr aus dem Wasser herausrutschen, sich in die Luft heben, ist als alleiniges Prinzip unmöglich. Solche Boote wären bei leichtem Wind sowohl wie bei den geringen Geschwindigkeiten am Winde vollkommen unbrauchbar. Die Überlegenheit guter „Gleiter" bei frischer Backstagsbrise ist allerdings erstaunlich. Je mehr sich das Unterwasserschiff der Tetraederform annähert, je vollkommener es schlanke Vorschifflinien mit ganz breiten und flachen achterlichen Linien verbindet, um so eher wird es dafür befähigt sein.

Es ist die Frage, ob diese Eigenschaft — auch für Rennboote — so wichtig ist, daß sie alle anderen Nachteile aufwiegt. Sie wird wohl insofern von allen Konstrukteuren verneint, als die vollkommene Ausbildung dieses Typs eine Unmöglichkeit darstellt.

Die zweite Frage ist die, wie sich die Vorteile schlanker Linien, die sich sowohl beim Motorboot wie beim Rennruderboot als die besten erwiesen haben, mit der Notwendigkeit einer möglichst geringen benetzten Oberfläche, also eines möglichst kleinen, eng zusammengeholten Unterwasserschiffes vereinbaren lassen. Es will scheinen, als ob sich — beim Schwertboot zum mindesten — die schlanke Linie gegenüber den Booten mit möglichst kurzem Unter-

---

*) z. B. die hydrologische Versuchsstation des Norddeutschen Lloyd in Bremen, die 1900 von J. Schütte erbaut ist.

wasserschiff bereits durchgesetzt habe.[1]) Eine bestimmte Linienführung kann freilich noch nicht als die allgemein anerkannte angesprochen werden, obgleich hier seit dem berühmten Preisausschreiben der ehemaligen „Wettfahrtvereinigung Berliner Jollensegler", das wohl den stärksten Anstoß auf die Entwicklung der modernen Jolle ausgeübt hat, sich immerhin eine gewisse Gleichartigkeit durchgesetzt hat. Damals erregten die im Vorschiff hohlen Linien der Siegerin „Wera III"[2]), der sogenannte S-Schlag, noch Kopfschütteln und Bedenken; heute sind sie nahezu selbstverständlich bei allen schnellen Schwertbooten geworden. Weit stärkere Abweichungen gibt es dagegen in der Führung des achterlichen Verlaufs der Wasserlinien, hier haben sich bisher sehr völlige Formen neben ausgesprochen schlanken, wie sie von einigen Jollenkonstrukteuren bevorzugt werden.[3]), nahezu gleichmäßig bewährt. Hier liegt also das Ungelöste in der Frage nach der Nützlichkeit einer Annäherung an den Gleitboottyp, die wir eben berührten.

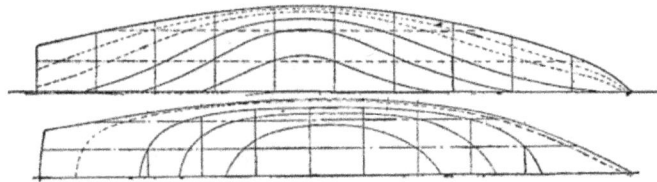

Abb. 43. S-Schlag und volle Wasserlinie.

Noch schwieriger sind die Folgerungen, die sich aus den Krängungen des Segelbootes ergeben. Man ist neuerdings nahezu einmütig zu der Überzeugung gekommen, daß diejenigen Schwertboote in ihrer Durchschnittsgeschwindigkeit die besten sind, die in der Krängung nichts anderes mehr sehen als ein unter Umständen notwendiges, aber nach Möglichkeit zu vermeidendes Übel. Man berücksichtigt also die „geneigten" Wasserlinien so gut wie gar nicht mehr, sorgt dafür, daß die eigentliche Trimmwasserlinie möglichst vorteilhaft ist, und stellt dem Segler die Aufgabe, sein Boot möglichst auf dieser Linie, also möglichst aufrecht zu segeln.[4]) Die Versuche mit dem sogenannten Prahm sind im

---

[1]) Vgl. hierzu die Zeichnungen erfolgreicher Rennjollen der letzten beiden Jahre in dem Handbuche „Die Segeljolle", 4. Aufl. 1921.
[2]) Vgl. „Die Segeljolle", S. 94/95.
[3]) Vgl. insbesondere die 10 qm-Jolle Puck, „Die Segeljolle", S. 76/77.
[4]) Vgl. des Verfassers „Unterricht im Segeln". S. 64 ff.

Kleinsegelsport einstweilen eingestellt, im Jachtbau hat sich aber der Prahm in der Sonderklasse beispielsweise (s. u. S. 113 f.) uneingeschränkt durchgesetzt, und es ist bei den unbestrittenen Erfolgen, die der Prahm auch in der Kleinsegelei aufzuweisen gehabt hat, durchaus möglich, daß er noch nicht erledigt, sondern nur scheintot ist.

Da es ungleich schwieriger ist, ein Boot bei Brise aufrecht zu segeln, als es bei Flaute absichtlich zu krängen, so muß ja ohne weiteres der Versuch, bei der Konstruktion von der geneigten Wasserlinie auszugehen, etwas sehr Verlockendes haben. Das Bestreben, bei größeren Neigungswinkeln lange, schmale Wasserlinien zu erhalten, führt zu rechteckigen oder mindestens stark U-förmigen Spanten. Abb. 44 zeigt, daß man auf diese Weise eine nach dem eigentlichen plumpen Bootsäußeren unerwartet schlanke geneigte Wasserlinie erhält. Die obere Skizze zeigt einen Prahm mit durchgängig U-förmigem Spant; aus der ursprünglichen, sehr ungünstigen, fast rechteckigen und breiten C. W. L. wird bei Krängungen die eingezeichnete, lange und schmale geneigte Wasserlinie; diese ist um ein Drittel länger als die C. W. L., etwa nur halb so breit und verläuft in einer schlanken und daher günstig verdrängenden Kurve. Als Gegenbeispiel führe ich in der unteren Skizze ein Leichtwetterboot mit V-Spant vor, das eine schlanke, mit leichtem S-Schlag anlaufende C. W. L. zeigt. Man erkennt ohne weiteres, daß hier die geneigte Wasserlinie kürzer und gedrungener, also erheblich ungünstiger ist als die C. W. L. desselben Bootes und noch viel ungünstiger als die geneigte des gleichlangen Prahms.

Falls es also möglich ist, den Prahm dauernd auf der günstigsten geneigten Wasserlinie zu halten, so muß er unter allen Umständen und unter allen Windverhältnissen dem anderen Typ überlegen sein, wenn wir zunächst lediglich die Bootsform in Betracht ziehen.

Die scheinbare Einfachheit des skizzierten Problems weicht indessen einer vielgestaltigen und verwickelten Fragestellung, sobald man alle in Betracht kommenden Faktoren bei der Prüfung des Typs mit in Rechnung setzt. Es sollen nun im folgenden die wichtigsten Fragen kurz erörtert werden, und es kann hierbei gleich auf die Antworten, die die Praxis bisher gegeben hat oder wenigstens gegeben zu haben scheint, in jedem Falle des näheren eingegangen werden.

Das U-Spant scheint auf den ersten Blick dem V-Spant gegenüber auch schon deshalb den Vorzug zu verdienen, weil es bei gleicher Bootsbreite eine wesentlich größere Stabilität gewährleistet. Dies ist aber für Regattazwecke kein Gewinn, da der Prahm nur dann seine größte Schnelligkeit entfaltet, wenn er auf der Kante gesegelt

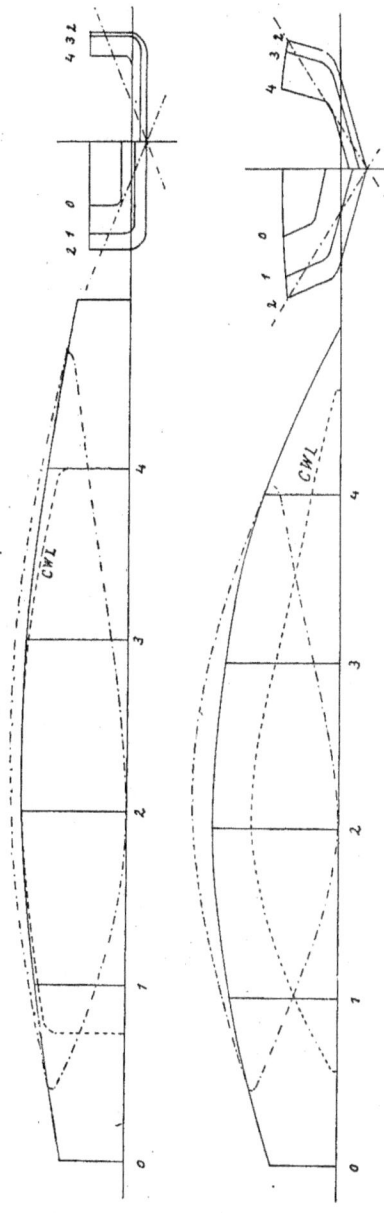

Abb. 44. Die geneigte Wasserlinie bei V- und U-Spant.

wird; es ist also nicht möglich, die tatsächlich vorhandene, große Anfangsstabilität irgendwie auszunutzen. Die Endstabilität ist aber bei U-förmigen Spanten eine verhältnismäßig geringe, sie ist bei großen Neigungen sogar erheblich geringer als die eines V-Spants mit gleich großer Breite in der Wasserlinie, wie schon aus der einfachen Skizze in Abb. 45 ersichtlich ist, in der der Hebelarm des im Deplacementsschwerpunkt F angreifenden Auftriebs durch die Strecken A B dargestellt werden soll. Je größer dieser Hebelarm ist, an dem der Auftrieb angreift, um so größer ist natürlich die Stabilität, falls die übrigen Bedingungen die gleichen sind.

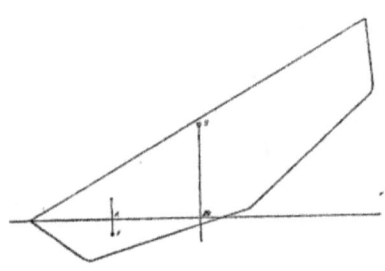

Geneigtes V-Spant.

F = Deplacementsschwerpunkt.
G = Gewichtsschwerpunkt.
AB = Hebelarm der Stabilität.

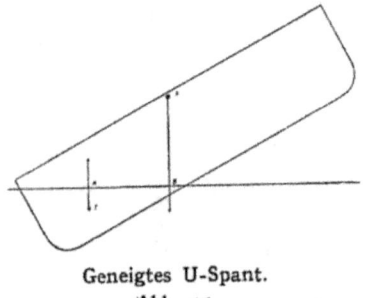

Geneigtes U-Spant.
Abb. 45.

Wir haben demnach die merkwürdige Tatsache, daß das U-Spant seine Anfangsstabilität ebenso wenig ausnutzen kann wie das V-Spant seine Endstabilität, da beide dann keine günstigen Verdrängungslinien im Wasser ergeben.

Wenn wir die beiden Spantformen also lediglich vom Standpunkt der größeren Sicherheit aus betrachten, so ist das V-Spant bei ballastlosen Booten günstiger daran: Das aufrecht zu segelnde Boot erreicht seine größte Stabilität bei starken Neigungen, das gekrängt zu segelnde Boot hat dagegen eine geringe Endstabilität und kann seine günstige Anfangsstabilität nicht ausnutzen.

Die Form-Stabilität spielt bei Kieljachten nicht dieselbe entscheidende Rolle wie bei Schwertbooten, da hier der Ballast unter Umständen korrigierend eintreten kann. Es ist aber interessant, daß in der einzigen Kielbootklasse, die durch ihre Meßformel lediglich in der Länge ihrer Wasserlinie neben Tiefgang und Breite beschränkt ist, in der Sonderklasse, der Prahm sich das Feld erobert hat.

„Prahm" ist aber ein sehr weitgehender Begriff. Eigentlich kommt die Bezeichnung nur denjenigen Schiffen zu, deren Deckstrak vorn abgeschnitten ist und die statt eines Stevens hier einen Spiegel haben. Solche Bootsformen sind indessen im modernen Jachtbau verhältnismäßig sehr selten. Man wendet aber den Namen Prahm heutzutage auch auf Jachten an, die auf Kiel und Steven gebaut sind, wenn ihre Spanten überwiegend U-förmig sind, wenn also ihre Bodenfläche auf große Strecken nur in der Kielrichtung gebogen und im übrigen flach ist, insbesondere spricht man Boote, deren Konstruktions-Wasserlinie rechtwinklig zum Kiel anläuft, als Prähme an, auch wenn der Deckstrak und die übrigen Linien des Bootes scheinbar normal verlaufen.

Die Wahl der Vorschiffsform spielt bei U-förmigem Spant eine große Rolle. Wenn man, wie es im vorstehenden geschehen, den konstruktiven Grundgedanken des Prahms dahin auffaßt, daß eine möglichst lange und möglichst schlanke geneigte Wasserlinie erzielt werden soll, so ist an und für sich das breit ausladende Vorschiff mit Spiegel am vorteilhaftesten. Die Skizzen in Abb. 46 sollen dies handgreiflich erläutern. Zugrunde gelegt ist der Riß einer amerikanischen Sonderklassenjacht im gemäßigten Prahmtyp. Das Hauptspant ist zur Verminderung von Wirbelbildungen und mit Rücksicht auf einen günstigen Kielstrak sowie das vorgeschriebene Deplacement so weit heruntergezogen, daß es mit einer leichten Kurve in den Kiel übergeht; vor und hinter dem Kiel aber tritt die U-Form deutlich hervor, die Wasserlinie läuft vorn auf etwa 80 cm gradlinig und rechtwinklig zum Kiel an und endet auch entsprechend. Um jedoch ein schlankes Vorschiff zu erhalten, ist die Kimm der vordersten Spanten sehr stark weggeschnitten, so daß in dem Strak des Vorschiffes nichts mehr an die fast eckige Form des Unterwasserschiffes erinnert. Der Erfolg dieser Konstruktion wird ein weiches Arbeiten der Jacht im Seegang auch bei aufrechter Lage sein; bei Flaute und starker Dünung wird dieser Prahm verhältnismäßig weich und ruhig in die Welle einsetzen. Diese Absicht läßt sich indessen, wie die Skizze deutlich zeigt, nur durch den Verzicht auf volle Ausnutzung der möglichen Länge der geneigten W.-L. erreichen. Auch bei verhältnismäßig großen Krängungen, bei denen der Verlust an wirksamer Segelfläche nahezu ein Viertel der Gesamtfläche beträgt, ergibt sich erst eine Verlängerung der Wasserlinie um etwa 75 cm vorn.

Will man hierin weitergehen, so muß man die Spanten nach vorn sämtlich U-förmig auslaufen lassen; man erhält dann ein auch im Deck sehr völliges Vorschiff oder als letzte Konsequenz den Spiegel, wie dies in den beiden darunter skizzierten Jachten

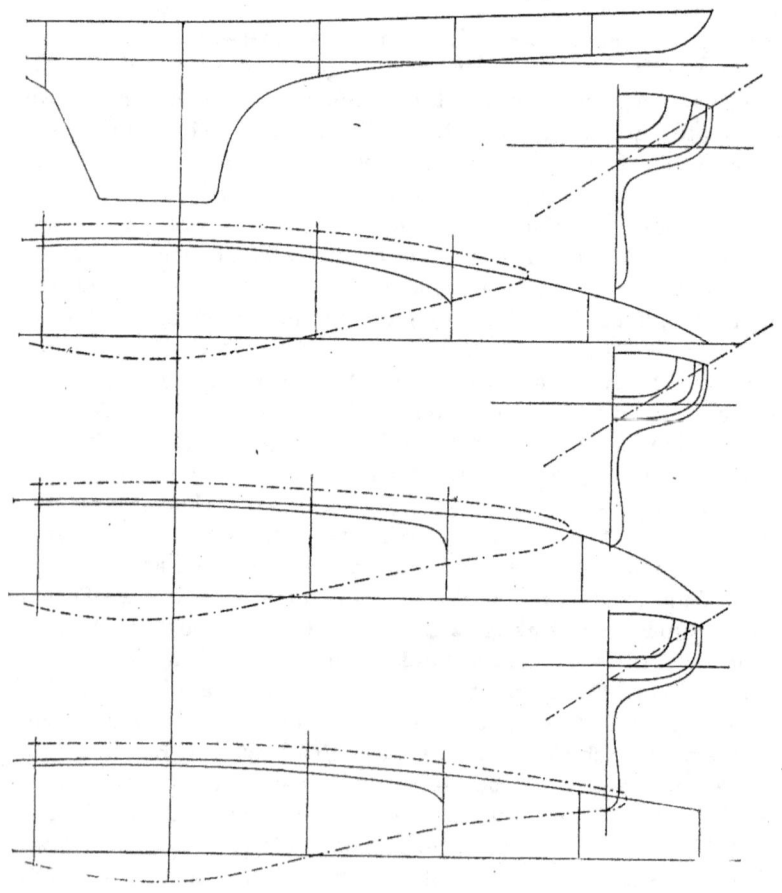

Abb. 46. Skizze dreier verschiedener Vorschiffsformen bei prahmförmiger Wasserlinie. (1. schlankes, 2. völliges Vorschiff, 3. reiner Prahm.)

dargestellt ist. Es ist hier absichtlich die Form des Hauptspants beibehalten, bei der geneigten Wasserlinie ist auf das (übrigens nur geringe) Auftauchen des Rumpfes bei völligerem Vorschiff keine Rücksicht genommen, um die Skizze nicht unübersichtlich zu machen. Ein Vergleich der geneigten Wasserlinien zeigt ohne weiteres, daß bei so völligen Formen die Linien ganz erheblich schlanker und länger werden, es kann eine Verlängerung vorn bis zu 1,25 m erreicht werden. Der Nachteil ist der, daß die Jacht, wenn sie durch den lebenden Ballast bei Flaute nicht erheblich gekrängt werden kann und wenn trotzdem Seegang vorhanden ist, durch das Aufschlagen des im Boden ganz flachen Vorschiffes auf jede Welle so sehr erschüttert wird, daß an ein ruhiges Vorwärtstreiben nicht zu denken ist.

Abb. 47. Prahm (Sonderklasse) am Winde.

Sobald aber die Jacht überliegt, schiebt sie sich auf ihrer schlanken Wasserlinie ohne die bei anderen Bugformen eintretenden Stampf- und Stoßbewegungen auch durch sehr groben Seegang vorwärts, es tritt dann der jedem Prahmsegler nur zu bekannte schlürfende Ton auf, mit dem das Boot Fahrt aufnimmt — unterbrochen nur von dem dröhnenden Klang, mit dem die Wellen von Luv her gegen das flache Unterwasserschiff schlagen. Wieweit dieses letztere Schlagen der Wellen den Fortgang einer prahmförmigen Jacht behindert, ist noch nicht mit Sicherheit festzustellen gewesen. Die Vorschriften für die meisten Klassen im deutschen Rennsegelsport machten Versuche mit Prahmformen unmöglich. Das Problem ist erst durch den Kleinsegelsport neu aufgerollt und gleichzeitig in der Sonderklasse kurz vor dem Kriege aktuell geworden. Wir haben es deshalb hier ausführlicher erörtert, zumal da der Anfänger von der wirklichen Durchdenkung eines Problems aus am leichtesten an die Geheimnisse der Linienführung überhaupt herankommt.

Man soll sich aber davor hüten, die Linien eines Bootes nun etwa einseitig nach den eben erörterten Theorien zu beurteilen. Die Prinzipienreiterei ist bei der Konstruktion von Rennjachten noch mehr vom Übel als im menschlichen

Leben überhaupt. Es hat sich noch niemals im Segelsport bewährt, wenn man einen einzelnen Gedanken, und mochte er auch von noch so grundlegender Bedeutung sein, zum alleinigen Gesetz für die Konstruktion eines Bootes machte.

Abb. 48. Jacht mit Klippersteven.

Abb. 49. Jacht (Meteor) mit Löffelbug.

3. Bug- und Heckformen

Die Betrachtung der Vorschiffsformen im vorhergehenden Abschnitt hat uns bereits in das Kapitel der verschiedenen Bugformen mitten hineingeführt. Der Segelsport hat ursprünglich den geraden Steven von der Berufsschiffahrt unbekümmert übernommen, und es ist interessant, daß er nun nach einer halbhundertjährigen Entwicklung bei all denjenigen Booten, die durch keine Sonderbestimmungen gebunden sind, sondern lediglich das Zweckmäßigkeitsprinzip verfolgen, wieder reumütig zu dieser Stevenform zurückkehrt. Kreuzer, die ausschließlich für Zwecke der Wanderfahrt bestimmt sind, weisen in neuester Zeit ebenso häufig den geraden Steven auf wie die Boote der Kleinsegelei.

Die Abkehr von dem geradstevigen Anlauf des Bootes und von der langen Wasserlinie setzte erst mit dem Augenblicke ein, wo man die Boote und Jachten nicht mehr nach ihrer wirklichen Größe, sondern nach der Größe ihres Unterwasserschiffes bemaß, wo man die Länge der Wasserlinie an Stelle der Länge über alles als Maßeinheit zugrunde legte. Von da an begannen die Überhänge, denen der sogenannte Klippersteven den Weg bahnte, ihren Siegeszug.

Abb. 50. Moderne Jolle mit geradem Steven.

Der Klippersteven wurde sehr bald durch den sogenannten Löffelbug verdrängt, der seit fast einem Menschenalter den Jachtbau nahezu unbestritten beherrscht hat. Zu welchen Ungeheuerlichkeiten die ausschließliche Beschränkung der Größe auf das Unterwasserschiff und die völlige Freigabe der Überhänge führen kann, haben die Sonderklassenjachten bewiesen.

Abb. 51. Moderner Jollenkreuzer.

Abb. 5?. Alter gradsteviger Kreuzer.

Im modernen Segelsport haben wir zur Zeit noch bei allen Rennjachten und bei allen Kreuzern, die auf ein rennjachtmäßiges Äußere Wert legen, den Löffelbug, während der reine Kreuzer ebenso wie das Schwertboot heute bereits durchgängig zum geraden Steven (mit geringer Abrundung in der Wasserlinie) zurückgekehrt ist.

Eine größere Übereinstimmung herrscht in den Heckformen. Da der saugende Spiegel auf alle Fälle den Fortgang des Bootes erheblich hemmt, so ist der Überhang achtern, der den Spiegel nur bei sehr großer Fahrt zu Wasser kommen läßt, allgemein. Freilich behalten die Schwertboote ebenso wie die Turenkreuzer immer noch einen relativ erheblich größeren Spiegel*) als die Renn-

---

*) Auf Seekreuzern verwendet man neuerdings auch wieder das von der Berufsschiffahrt übernommene sogen. „Plattgatt", einen V-förmigen Spiegel, dessen V-Spitze unmittelbar in die Hinterkante des Kiels übergeht.

jachten, bei denen er häufig genug nur noch wenige Zentimeter breit ist. Der aus Schönheitsrücksichten schräg gestellte oder in der Querrichtung leicht gekrümmte Spiegel wird noch heute auf Booten aller Typen verwandt.

Ebenso findet das Spitzgatt immer wieder seine Liebhaber. Das Spitzgattboot ist achtern genau so wie vorn auf Steven gebaut, in der extremsten Form, wie man sie bei sogenannten Brandungsbooten findet, sind die Linien vorn und achtern völlig gleich, so daß man überhaupt nicht mehr zwischen vorn und achtern unterscheiden kann. Bei den mit Spitzgatt gebauten Sportjachten sind die Linien des Achterschiffes allerdings völliger als die Linien des Vorschiffs, sie enden aber gleichwohl in einer Spitze, die äußerlich durch den Steven markiert ist. Der Sinn, der dieser Konstruktion zugrunde liegt, ist der, daß die Boote in schwerer, achterlich laufender See keine Brecher an Deck bekommen sollen, sondern daß der Steven die von achtern aufrollenden Wellen gewissermaßen zerschneidet. Über die Notwendigkeit des Spitzgatts zur Erreichung dieses Zweckes sind die Meinungen allerdings geteilt.

Abb. 53. Spitzgattkreuzer.

Abb. 54. Slupgetakelte 10-, 15- und 20 qm-Jollen.

4. Takelungsformen

Die schematische Einteilung der Jachten nach der Zahl ihrer Segel ist bereits im 1. Bande dieses Lehrbuches besprochen.*) Hier dürfte der Ort sein, um auf die Form des Segels, die dort nur flüchtig gestreift werden konnte, näher einzugehen. Der Segelsport hat unausgesetzt an der Verbesserung gerade der Takelage gearbeitet und hierbei genau wie bei der Schiffsform die Tradition, die er zunächst von der Berufsschiffahrt her übernommen hatte, ganz wesentlich korrigiert.

Die Berufsschiffahrt kannte in der Hauptsache vier verschiedene Formen des Segels: Das Raasegel (horizontal gestellte Raa mit bauchigem, an beiden unteren Ecken durch Schoten ge-

Abb. 55. Raasegel in der Berufsschiffahrt.

---

*) Unterricht im Segeln, S. 29 ff.

Abb. 56. Sprietgetakelte Jacht im Rennen (Kiel 1883).

haltenem Segel), das Sprietsegel (s. Abb. 56), das von der Flußschiffahrt her allgemein bekannt ist, das Lateinsegel, das namentlich im Mittelmeer gebräuchlich ist (vgl. Abb. 57), und das Gaffelsegel mit flacher Gaffel ohne Baum oder lose an den Baum gereihter Unterliek. Die Befreiung vom Vorurteil des Überlieferten ist auch dem Segelsport nicht leicht geworden. Noch in den achtziger Jahren haben wir in Deutschland startende Rennjachten mit Spriettakelung. Und andererseits verlangt der Wandersegelsport noch heute mit Recht die Berücksichtigung derjenigen Sicherheitsfaktoren, die die Berufsschiffahrt zur Beibehaltung ihrer Takelungsformen veranlaßt. Wir sehen auf modernen Seekreuzern auch jetzt

Abb. 57. Lateintakelung.

Abb. 58. Moderne Jollen mit steiler Gaffeltakelage.

noch unter Umständen den nur an Schothorn und Hals festgezurrten Großbaum oder die „Breitfock", d. h. ein Raasegel als Behelfssegel.

Im allgemeinen hat sich aber das Gaffelsegel mit festangereihten Spieren durchgesetzt. Die steilgestellte Gaffel, die in der Huari- (Gleit-)Takelung schon einmal um Anerkennung rang und dann wieder in der Versenkung verschwand, ist durch die Versuche mit gaffellosen Takelagen aufs neue „modern" geworden; die kurzen, flachen Gaffeln, die noch vor einem Jahrzehnt auch im Rennsegelsport dominierten, sind nahezu von der Wettfahrtbahn verschwunden und haben sich mit all ihrer Handlichkeit zu den Turenseglern geflüchtet. Die steilen Segel, die lange Eintrittskante des Windes, die der Flugzeugsport als die wirkungsvollste festgestellt hat, sind Trumpf geworden. Neben die Steilpiektakelage mit ihrer endlosen Gaffel, die den Baum schier an Länge übertrifft, tritt die gaffellose Hochtakelung,

Abb. 59. Kleine Jolle mit Hoch- (Markoni-) Takelung.

Abb. 56. Sprietgetakelte Jacht im Rennen (Kiel 1883).

haltenem Segel), das Sprietsegel (s. Abb. 56), das von der Flußschiffahrt her allgemein bekannt ist, das Lateinsegel, das namentlich im Mittelmeer gebräuchlich ist (vgl. Abb. 57), und das Gaffelsegel mit flacher Gaffel ohne Baum oder lose an den Baum gereihter Unterliek. Die Befreiung vom Vorurteil des Überlieferten ist auch dem Segelsport nicht leicht geworden. Noch in den achtziger Jahren haben wir in Deutschland startende Rennjachten mit Spriettakelung. Und andererseits verlangt der Wandersegelsport noch heute mit Recht die Berücksichtigung derjenigen Sicherheitsfaktoren, die die Berufsschiffahrt zur Beibehaltung ihrer Takelungsformen veranlaßt. Wir sehen auf modernen Seekreuzern auch jetzt

Abb. 57. Lateintakelung.

Abb. 62. Ein Regattafeld des Deutschen Segler-Verbandes.
(15 und 22 qm-Jollen, 30 qm-Kielboote, 35- und 45 qm-Kreuzer, 40 qm-Schärenkreuzer).

V. Die Segelflotte der Gegenwart

1. Vorbemerkung

Es ist etwas Herrliches um Seglerträume — mögen sie nun geträumt werden in jener Koje, in der auch andere, weniger glückliche Sterbliche träumen, oder am Schreibtisch und Reißbrett vor dem Luftschloß und Ideal, das die sorgsame Hand in immer vervollkommneterer Form und mit heißem Bemühen zu skizzieren bestrebt ist, oder endlich auf blauer Flut, wenn die weißen Schwingen einer Hochseejacht fern am Horizonte stolz vorüberziehen. Es ist etwas Herrliches um Seglerträume, und keiner von uns älteren Seglern weiß sich frei von jenen Stunden, in denen auch er sich sein Boot erbaute im freien Reiche der Gedanken. Der schönste Traum aber ist der vom ersten Boot, schön wie nur erste Liebe sein kann und nie wiederkehrend wie jene. Es ist etwas Herrliches um Seglerträume — aber darin unterscheiden sie sich durchaus nicht von anderen, viel einfacheren Träumen, daß das Erwachen die nüchternste Sache von der Welt ist und daß mit ihm der Traum zu Ende geträumt ist.

Das Erwachen ist in diesem Falle in der Regel gleichbedeutend mit dem Blick in des Geldbeutels enge Falten. Ich habe wenige Anfänger in unserem Sport kennen gelernt, die das Geld zu einer Hochseekreuzerjacht oder einem 10 m-R-Boot auf den Tisch des Hauses legten — aber um so mehr, und das waren keineswegs die schlechtesten, die auf einem mit Dachpappe gedichteten Angelkahn ein Stück Leinwand vorheißten und deren erstes eigenes Boot nicht über 200 Mark kosten sollte und durfte.

Diese Zeiten sind heute unwiederbringlich dahin, das sportliche Material ist in einem Maße verteuert worden, daß all den Freunden des blauen Wassers, die nicht zu der Schar der Kriegs- und Revolutionsgewinnler gehören, der Besitz eines eigenen Bootes unmöglich gemacht ist, falls sie sich nicht zu den kleinsten Typen oder zum Selbstbau entschließen können. Und doch — des rechten und echten Kämpfers Traum ist die eigene Waffe; nur mit ihr wird er und kann er es zum Meister bringen in seiner Kunst. Das ist in der Fechtkunst nicht anders als etwa beim Billardspiel oder Boxkampf. Das ist auch ebenso im Segelsport.

Echter und wertvoller Kampf ist nur möglich mit gleichen Waffen. Der Segelsport gehört nun insofern zu den interessantesten Sportarten, als die Gleichheit der Waffen als solche nicht zu erreichen ist, sondern lediglich eine Gleichheit der Bedingungen für Waffen und Kampf. Der Kampf, der Wettkampf beginnt also schon bei der Wahl der Waffen, und es entsteht mithin ein zwiefacher Kampf, der der Boote und ihrer Besatzung. Es ist unmöglich, den komplizierten und feinfühligen Apparat eines Segelbootes völlig gleich auch nur zweimal zu schaffen. Der Gedanke des Einheitsbootes, der immer wieder in der Geschichte des Segelsports auftaucht, ist absurd, wenn man meint, dadurch für sportliche Kämpfe gleiche Waffen zu schaffen. So sicher ich zwei für die Zwecke des Wettkampfes völlig gleiche Kugeln schaffen kann, so unmöglich ist es, zwei auch nur in allen wichtigsten Faktoren (Bootskörper, Gewicht, Segelform und -größe) gleiche Segelboote zu bauen, denn die kleinste und unvermeidliche Differenz im Material macht es schon unmöglich, sie kann für die Schnelligkeit des Bootes von entscheidender Bedeutung sein.

Wir können also nur die Bedingungen für eine im Werte gleiche Konkurrenz durch einen Kreis von bestimmten Vorschriften schaffen, die unter allen Umständen eingehalten werden müssen. Wir kommen damit auf den Begriff der Klasse, der im Segelsport eine so wichtige Rolle spielt. Nimmt man den Gedanken des Wettkampfes, also der Regatta unabhängig von allem sonstigen Betätigungsbereich des Segelbootes, so ist es selbstverständlich gleichgültig, was für bestimmte Bedingungen eingehalten werden, wenn sie nur für alle Kämpfer dieselben sind. Es ist also für die Wettfahrt an und für sich widersinnig, große und kostspielige Schiffe zu bauen, da derselbe Sport auf dem kleinsten und billigsten Boot ausgeübt werden kann.

Aber Sport ist ja nicht nur Wettkampf, sondern Kampf überhaupt. Sport treibt auch der Segler auf Wanderfahrten, der im Kampf mit einer 10 sec/m-Brise sein Schiff durch die Wellen der See oder des Sees steuert, Sport auch der, der im Kampf mit der Flaute, die das Schiff des Nichtsportsmannes überhaupt nicht mehr vorwärts bringt, durch überlegene raffinierte Ausnutzung des leisesten Hauches über die Tücken des Windes triumphiert. Sport also treibt man auch — oder vielmehr kann man auch treiben — auf fröhlicher Wanderfahrt, beim behaglichen oder kecken Nachmittagssegeln, immer im Kampf mit dem Element.

Und hierfür ist nun natürlich Größe und Art des Bootes nicht mehr gleichgültig: denn hier sprechen die Wünsche, die vielen kleinen und großen Wünsche nach Bequemlichkeit, Behaglichkeit, Wohnlichkeit, Handigkeit, Sicherheit usw. ganz entscheidend mit. Sie sind die Veranlassung, die einzige berechtigte Veranlassung für die üppig wuchernde Klassen-Mannigfaltigkeit im deutschen Segelsport.

Daß wir auch bei beschränkten Mitteln Klassenboote bauen und sportlich wertvolle Rennen mit ihnen segeln können, ist eine Errungenschaft der allerletzten Jahre.

2. Das Schwertboot

a) Das Wesen des Schwertbootes.

Ein Kapitel für Anfänger.

Klein ist im Segelboot nicht gleichbedeutend mit eng. Man hört von Anfängern immer wieder die erste Frage: Wieviel Personen gehen in solch Boot hinein? Das hängt nicht von der Größe des Bootes, sondern von der Anordnung des Innenraums ab. Auch das kleinste Segelboot wird rund 4 m lang sein, und der Sitzraum, die Plicht, selbst auf sehr großen Jachten ist kleiner als 4 m.

Wenn ich auf die Person $\frac{1}{2}$ m Breite rechne, so kann ich theoretisch auch im kleinsten Segelboot 10 Mann unterbringen, praktisch wird es immer noch mit 3—4 Personen gut zu segeln sein.

Das Charakteristikum unserer kleinen Segelboote ist das Schwert. Auf allen unseren kleinen Booten hat man den Schiffskörper, den Kiel, auf etwa 1 m Länge aufgeschnitten und hier eine aufholbare Eisen-, Stahl-, Aluminium- oder auch Holzplatte hindurchgeschoben. Daß trotzdem durch dieses Loch im Schiff kein Wasser ins Innere dringt, verhindert der Schwertkasten, der weit über Wasserlinienhöhe im Innern des Bootes emporragt. Da in ihm nach dem Gesetz von den kommunizierenden Röhren das Wasser nur so hoch wie außenbords steigen kann, so schwimmt das Boot genau so gut, wie wenn es überhaupt keinen Schwertschlitz hätte. Es gibt allerdings auch Leute, die das nicht einsehen können oder wollen; das sind etwa dieselben wie jene, denen man so gern erzählt, daß es höchst gefährlich sei, das Boot außen sehr blank zu lackieren, da es dann auf dem Wasser leicht ausrutschen und umkippen könnte.

Das Schwert hat den einzigen Zweck, das Abtreiben seitwärts zu verhindern, wenn der Wind dwars (quer) oder spitz von vorn einkommt. In seiner einfachsten Form besteht es aus einer Blechplatte, die von oben in den Schwertkasten eingeschoben und genau so wieder herausgehoben wird — das Steckschwert. Gewöhnlich aber ist das Schwert um einen Zapfen drehbar und wird mittels eines Falls aufgeholt und weggefiert.

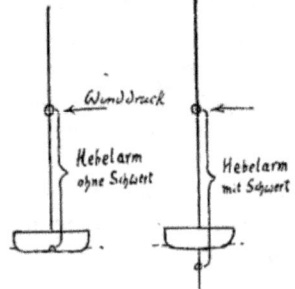

Abb. 63. Schwert u. Stabilität.

Boote ohne Schwert sind zum Segeln nicht zu gebrauchen, da sie nicht kreuzen können, sondern stets annähernd in der Windrichtung fahren müssen — wenn sie nicht mit einer Kielplatte versehen sind, die denselben Zweck erfüllt. Vor dem Kielboot, der Jacht, von der wir später noch sprechen, hat das Schwertboot den Vorzug, daß es flache Stellen passieren und also auch leichter landen kann, da man dann das Schwert einfach aufzuholen braucht, und daß man überhaupt den Reibungswiderstand, den der Lateralplan bietet, immer dann, wenn man keinen großen Lateralplan braucht (vor Wind usw.), beliebig verringern kann und daß man endlich die Lage des Lateralschwerpunkts, der sich beim Fieren oder Aufholen des Schwertes verschiebt, beliebig (aber natürlich in gewissen Grenzen) verändern kann.

Der Anfänger glaubt in der Regel, dem Schwerte einen besonderen Einfluß auf die Stabilität des Bootes zuschreiben zu sollen. Gewiß gibt es eine Möglichkeit, das Schwert so schwer zu gestalten, daß es als Ballast wirkt. Aber in der Regel ist es gerade umgekehrt, als man annimmt: Ein Schwertboot ist mit aufgeholtem Schwert um ein weniges stabiler als mit gefiertem Schwert. Der Hebelarm, an dem der Winddruck angreift, ist im ersteren Falle geringer als im zweiten, wie aus Abb. 63 ohne weiteres ersichtlich ist.

Über die Stabilität verschiedener Spantformen und entsprechender Bootstypen ist bereits oben ausführlich gesprochen. Hier sei nur noch ergänzend hinzugefügt, daß neben der Bootsform auch die Schwere der Takelage von entscheidendem Einfluß auf die Stabilität ist. Es ist ohne weiteres klar, daß das Topgewicht, das Gewicht von Mast und Gaffel, den großen Hebelarm zu seinen Gunsten buchen kann. Selbst bei einem kleinen Boote wirkt das Topgewicht etwa an einem 5 m langen Hebelarm. 5 Kilo überflüssiges Topgewicht, durch einen zu schweren Mast oder eine zu

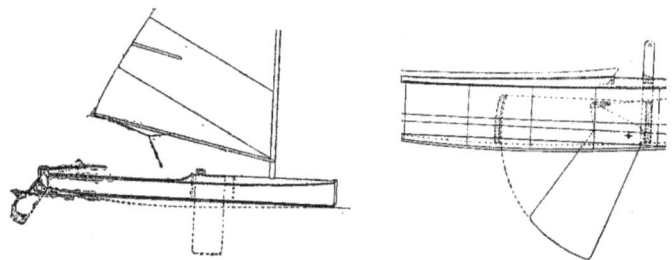

Abb. 64. Steckschwert und Fallschwert.

schwere Gaffel dargestellt, leisten demnach eine krängende Wirkung, die durch einen Zentner Luvballast noch nicht ausgeglichen wird. Es ist daher ohne weiteres verständlich, daß man auf die Leichtigkeit der Takelage bei unserem modernen Schwertboote so großen Wert legt, daß Mast und Gaffel ausgehöhlt werden — denn all dies erhöht die Stabilität und damit die Sicherheit des Bootes.

Abb. 65. Yawlgetakelte ältere Rudergig.

b) Die Gig.

Der Anstoß zur modernen Entwicklung des Schwertbootes kam von außen, vom Rudersport her. Segelfreudige Mitglieder von Berliner Ruderklubs schlossen sich zu einer Wettfahrtvereinigung zusammen, die das Gigsegeln pflegen sollte. Sie schlugen sich erst wacker mit ihren durchweg als Yawls getakelten langen, schmalen Ruderbooten herum, die ebenso unsicher wie unbeholfen waren, (Vgl. Abb. 65.) Aber der sportliche Wettkampf, dessen

Abb. 66. Moderne Gig.

Abb. 67. Segelkanu.

Sonne hier zum ersten Male das kleine Segelboot beschien, ließ bald eine schnelle Entwicklung und Verbesserung der Typen reifen. Die Yawltakelage wurde durch Slup und Cat ersetzt, die Ruderbootsform ins Seglerische übertragen. So wurden die Boote immer schneller, aber zugleich auch immer länger.

Daß sie auch breiter geworden wären und damit sicherer und noch besser segelnd — daran hinderte sie freilich das Gesetz und der Wille der Vereinigung, die von ihrer Verbindung mit dem Rudersport nicht lassen wollte und daher die Breite beschränkte.

Abb. 68. 10 qm-Gigs im Rennen.

Abb. 69. Sog. Ruder- und Segeljolle alten Typs.

So bildet auch heute noch die Gig das natürliche Bindeglied zwischen Ruder- und Segelsport. Sie band sich an eine geringe Breite im Verhältnis zur Länge, um den vom schmalen Ruderboot kommenden Sportfreunden den Übergang zum Segelboot zu erleichtern. Die Gigsegler beschränken sich bis jetzt auf Boote, deren Breite höchstens den 5. Teil der Länge beträgt, und lassen im übrigen jedem Wunsche nach der Bootsgröße und -art den denkbar weitesten Spielraum.

c) Die Jolle.

Die Beschränkung der Breite ist aus den eben angeführten Gründen berechtigt, sie ist aber nicht im Wesen des Segelbootes an sich begründet.

Hier setzte nun 2 Jahre später die Wettfahrtvereinigung Berliner Jollensegler ein, die auf demselben Wege die Entwicklung der Jolle, des breiteren Segelbootes nach der sportlichen Seite hin betreiben wollte. Das Material, das sie vorfand, war dafür mehr als ungeeignet. Die Jolle, die von des Bootsbauers Hand Jahr um Jahr hergestellt war, nannte sich zwar stolz „Ruder- und

Segeljolle" — doch offensichtlich nur, um zu verbergen, daß sie sich schlecht rudern ließ, dafür aber noch viel schlechter segelte. Es galt also, Neues zu schaffen, den Typ eines wirklich zweckmäßigen und in seiner Zweckmäßigkeit schönen Schwertbootes zu entwickeln, das zugleich die für seine Segelfläche größtmögliche Geschwindigkeit entfalten sollte. So entstand in ständiger Verbesserung der Typ der modernen Jolle, der heute in Hamburg ebenso Heimatsrecht besitzt wie etwa am Rhein, auf dem Steinhuder Meer oder in Süddeutschland, der aber noch vor wenig mehr als einem Jahrzehnt auch in Berlin etwas Ungeheuerliches, Revolutionäres darstellte und die boshafte Kritik aller derer auf sich vereinigte, deren Herz an dem „gesunden Typ" der alten Jolle hing. Welche fast unglaublichen Fortschritte hier in kurzer Zeit erzielt worden sind, welcher Zuwachs an Schnelligkeit und Ruderbarkeit erreicht worden ist, kann man nur noch ahnen, wenn man einmal einem Veteranen aus jenen alten Tagen begegnet.

Nun nahmen sich auch die übrigen Vertreter des segelsportlichen Deutschland des solange beiseite geschobenen Stiefkindes an. Überall regte es sich, überall arbeitete man mit, häufig noch mit Vorurteilen aus vergangenen Tagen beladen, aber doch mit dem Willen nach vorwärts. Wie schwer es den zünftigen Vertretern der Großsegelei wurde, die Jolle als ebenbürtige Genossin anzuerkennen, erhellt z. B. daraus, daß man im Deutschen Segler-Verband sich noch 1910 nicht dazu entschließen konnte, die Jollen über den ganzen Müggelsee im Rennen segeln zu lassen, weil man befürchtete, sie kämen durch den Seegang bei Rahnsdorf nicht heil hindurch. Der Deutsche Segler-Verband konnte sich auch damals noch nicht zu einer wirklich freien und schönen Jollenklasse aufraffen, sondern er schuf zunächst eine an Händen und Füßen gefesselte Klasse geklinkerter Boote, die sich gleichwohl sehr bald zu reinen

Abb. 70. Moderne 15 qm-Rennjollen.

Rennbooten entwickelten, bis sie sich 1914 auch äußerlich der inzwischen vollzogenen Entwicklung des modernen Jollentyps anpaßten.

Die Berliner Jollensegler hatten zunächst 14-, 21- und 28 qm-Jollen geschaffen, sie haben später dem dekadischen Prinzip zuliebe diese Klassen auf 10, 15, 20 und 30 qm Segelfläche festgelegt und sogar eine kleinste 5 qm-Klasse hinzugefügt. Diese Klassen mit ihren Vorschriften sind nahezu von allen anderen Vereinen übernommen worden, namentlich seit die anfangs bestehende Breitenvorschrift, die eine Konkurrenz gegen die Gig unmöglich machen sollte, fallen gelassen war. Der Deutsche Segler-Verband hat seiner 22 qm-Klasse im Jahre 1913 eine 15 qm-Klasse hinzugefügt, die in allem wesentlichen mit der von den Berliner Kleinseglern geschaffenen Klasse übereinstimmt. Der Deutsche Segler-Bund hat diese Klasse nunmehr ebenso bereitwillig übernommen wie die Arbeiterseglervereine. Damit ist — aller Zersplitterung des deutschen Segelsports zum Trotz — wenigstens diese eine 15 qm-Jolle gemeinsamer Besitz des deutschen Segelsports geworden.

Worin unterscheidet sich nun das moderne Schwertboot, die moderne Jolle grundsätzlich von den älteren Vertretern? Wenn man es auf eine Formel bringen will, so kann man sagen: in ihrer absoluten Zweckmäßigkeit. Unsere Bilder geben eine Reihe von modernen Booten, die dies klar machen sollen.

Die Jolle verzichtet auf alle sklavische und kindliche Nachahmung größerer Boote, sie will keine Miniaturjacht sein, keine verkleinerte Ausgabe des großen, durch bestimmte Meßvorschriften in seiner Form festgelegten Kielbootes. So fällt das sogenannte jachtmäßige Äußere weg. Die Boote haben keine langen Überhänge mehr vorn und achtern, die für Schnelligkeit und Stabilität zwecklos sind, sie haben das Ruder über Heck, um besser zu manövrieren und die Vorteile des Schwertbootes nicht durch ein 60 cm tiefgehendes Ruder unter dem Boden illusorisch zu machen. Die Boote liegen lang und schlank im Wasser, sie sorgen durch die Form ihres Rumpfes für die nötige Stabilität des Bootskörpers ohne Ballast.

Sie sind aber feinfühliger geworden als die Jollen alten Systems. Sie haben eine moderne Takelage bekommen, besser stehende Segel, leichtere Spieren. Bootsrumpf und Takelage sind in ihren Abmessungen auf einander abgestimmt, der unerläßliche Klüverbaum der früheren Jollen ist endgültig in die Rumpelkammer gewandert.

Dies bringt uns auf die moderne Vermessung, auf die Klasseneinteilung. Früher versuchte man eine geheimnisvolle Formel zu finden, um die Bootsrümpfe gegeneinander auszugleichen — der Grogsegelsport hat sich noch immer nicht ganz davon freimachen können, und als letztes Petrefakt besteht auch noch in der nationalen Binnenjollenklasse des Deutschen Segler-Verbandes ein Meßformel-Stumpf: $L+B=7,8$.[1]) Der übrige Kleinsegelsport hat sich endgültig davon freigemacht, er vermißt und gliedert die Boote nur nach der Segelfläche, der treibenden Kraft. Wieweit man im übrigen der Freiheit des Versuchs Schranken auferlegen soll, darüber sind die Meinungen sehr geteilt. Der Deutsche Segler-Verband hat in der 22 qm-Klasse wie bei den Küstenjollen das Extrem der Festlegung aller Einzelheiten, bei der 15 qm-Klasse das andere Extrem der vollen Freiheit versucht. Der Berliner Kleinsegler-Verband hat in den Rennklassen nur sehr wenige Sicherheitsvorschriften vorgesehen, während er bei den Wanderjollen die Bauvorschriften spezialisiert hat.[2])

Wir können die Jolle nicht verlassen, ohne darauf hinzuweisen, daß das große Schwertboot, die Schwertjacht bei günstigeren wirtschaftlichen Verhältnissen auch bei uns in Deutschland fraglos eine Zukunft haben würde, wie in Amerika beispielsweise der Sport auf Schwertjachten größter Abmessungen nie ausgestorben ist. In Deutschland sind seit der Verbannung der Flunder

Abb. 71. Schwertjacht.
(Links im Hintergrunde eine ältere yawlgetakelte Rudergig.

---

[1]) Leider hat der Deutsche Segler-Bund für seine Küstenjollen nunmehr auch diese Formel angenommen.

[2]) Wir können das vielumstrittene Kapitel der Wanderjolle und der Brauchbarkeit der Rennjolle für Wanderfahrten an dieser Stelle nicht anschneiden und begnügen uns mit dem Hinweise auf die entsprechenden Abschnitte in dem Handbuch „Die Segeljolle".

von der Rennbahn, die durch die Unfälle infolge der Auswüchse im Flundersegeln in gewissem Sinne berechtigt war, die großen Schwertjachten über Gebühr in Mißkredit geraten. Mit unseren heutigen Erfahrungen im Schwertbootbau könnten wir sehr wohl außerordentlich sichere und außerordentlich schnelle Schwertjachten schaffen. Einstweilen aber sind Jollen mit 22 qm Segelfläche so ungefähr die obere Grenze überhaupt geworden. Vor dem Kriege waren die 30 qm-Jollen noch in beschränktem Umfange anzutreffen, heute sind uns außer einigen 40 qm-Schwertbooten auf dem Rhein keine neueren Schwertjachten bekannt.

d) Der Jollenkreuzer.

Dafür ist aber das Schwertboot auf dem besten Wege, sich das Gebiet der Kreuzer, der Kajütboote zu erobern. Über die Notwendigkeit eines wasserdichten Raumes, einer Kajüte, für längere Kreuzfahrten sind ja die Meinungen außerordentlich geteilt; es ist dies letzten Endes eine Frage der Ansprüche bzw. der Anspruchslosigkeit, wenn man will, auch eine Frage der Jugend und der Gesundheit. Jedenfalls muß der Sport mit der Tatsache rechnen, daß viele Segler in der fest eingebauten Kajüte die unerläßliche Vorbedingung für Turenfahrten überhaupt sehen. Von diesem Standpunkt aus ist es aufs freudigste zu begrüßen, daß sich das für Wanderfahrten wegen seines geringen Tiefganges am besten geeignete Schwertboot mit der Kajütjacht verschwistert und den Jollenkreuzer geschaffen hat.

Die Hindernisse, die seiner Einführung im Wege standen, waren ästhetische Bedenken und Bedenken der Sicherheit. Um das letztere vorwegzunehmen, so bedeutet die Kenterbarkeit natürlich gerade für ein Kajütboot eine gewisse Gefahr. Aber die modernen Jollenkreuzer haben schon jetzt gezeigt, daß auch bei ihnen die Kajüte nicht etwa zur Falle wird, sondern daß bei einem gekenterten Boot auch die Kajütinsassen ohne Schwierigkeit das Freie erreichen können. Zudem hat die Konstruktion sich auf die geringere Stabilität des Kajütbootes, die in erster Linie durch den hohen Aufbau gegeben ist, so weit eingestellt, daß die Boote auch bei frischer Brise ihre Segel noch bequem tragen.

Der hohe Aufbau hat anfangs das Lächeln aller Traditions-Fanatiker herausgefordert, bis die Zweckmäßigkeit, die Bequemlichkeit der Kajüte, die Geräumigkeit und Brauchbarkeit des ganzen Bootes auch hier die Kritiker zum Schweigen gebracht hat. Wir glauben, daß der Jollenkreuzer bei besseren wirtschaftlichen Verhältnissen sich sehr schnell durchsetzen würde und daß er auch unter den jetzigen ungünstigen Bedingungen immerhin eine Zukunft hat. Der Berliner Kleinsegler-Verband hat seinerzeit die Ausarbeitung von Klassen-Vorschriften hierfür bereits gewagt und hierbei vollkommen neue Wege beschritten, über die „Der Segelsport" (1921, Heft 24) folgendes berichtet:

Der B. K. V. war sich hierbei von vornherein darüber klar, daß er, wenn er einmal das Problem in festere Gestalt bringen

Abb. 72. Ein 30 qm-Jollenkreuzer.

wollte, nur ganze Arbeit machen müßte. In jeder Beziehung wurde versucht, eine Entwicklung der Boote in das „ungesund Rennmäßige" zu verhindern und zwar unter dem Gesichtspunkt, daß die Jollenkreuzer einzig und allein Wanderboote sein können und daß jeder Versuch eines Rennseglers, durch extreme Formen Rennerfolge erzwingen zu wollen, verhindert werden müßte.

Daher tragen die Vorschriften einen weitaus anderen Charakter als die bisher bekannten für Renn- und Turenboote aller Art. Man begnügte sich nicht damit, die Hauptabmessungen des Rumpfes in gewohnter Weise, d. h. nach Länge und Breite festzulegen, sondern man gab durch eingehende Raum- und Breitenvorschriften an mehreren Stellen des Bootsrumpfes die unbedingte Sicherheit, daß sowohl Stabilität wie auch Geräumigkeit zu Gunsten irgendwelcher Rennerfolge nicht vernachlässigt werden können.

So wird z. B. die Breite der Wasserlinie an fünf Stellen der Länge gemessen, wodurch ranke Linien unmöglich gemacht worden sind, außerdem wurde durch die Begrenzung der Überhänge verhindert, daß an benetzter Fläche zur Erzielung besonderer Leichtwetter-Eigenschaften gespart wird. Während sich die Freibordmaße bei einem Jollenkreuzer, der doch seine Raumhöhe nur über Wasser erzielen kann, von selbst verstehen, sind die Vorschriften so gehalten, daß auch die Kajüt-Ausmaße durchweg den Anforderungen, die unbedingt an ein reines Wanderboot gestellt werden müssen, entsprechen. Bemerkenswert erscheint die Vermessung des Kajüt-Innenraums, nicht durch die bekannten Parallelepipeden (Raumrechtecke), die die Freiheit des Konstrukteurs in unerwünschter Weise beschneiden würden, sondern durch zwei Meßquerschnitte, deren Höhen und Breiten genau gegeben sind. So muß die Kajüte einen vorzüglichen Raum gewähren, während dem Konstrukteur volle Freiheit in der Raumeinteilung und -Ausnützung gelassen worden ist. Dem Geschmack mancher Wandersegler wird es entgegenkommen, daß auch die Lage der Schlafplätze, der Schränke usw. durch keine Vorschrift beengt oder erzwungen ist, sondern jede Raumeinteilung ermöglicht bleibt, während die Fußbodenvorschriften eine volle Ausnützung des Kajütraums erzwingen.

Die Raumeinteilung dieser Jollenkreuzer ist also denkbar frei, muß aber in jedem Falle den Ansprüchen des Wanderseglers voll genügen. Und ebenso wie hierbei den Erfordernissen und Wünschen eines jeden Segelgebietes und Geschmackes Rechnung getragen ist, ist dies auch bei der rein konstruktiven Ausgestaltung des Bootes grundsätzlich geschehen. Von den beiden zugelassenen Jollenkreuzerklassen wird der kleinere, mit 20 qm Segel, wohl hauptsächlich als Binnenboot in Frage kommen, die größere Klasse (30 qm) dagegen unter Umständen auch als Küsten- oder Seeboot ausgeführt werden. Diesem Umstande tragen die Vorschriften dadurch Rechnung, daß der 30er nicht nur als reines Schwertboot ausgeführt werden kann, sondern jede Möglichkeit der Beballastung durch Schwertballast oder Kielballast zuläßt. Durch genaue Berechnungen ist ein Ausgleich zwischen reinem Schwertboot und Ballastboot geschaffen worden, und zwar in der Weise, daß für gewisse Mengen Ballast eine genau berechnete Breitenverminderung zulässig ist, so daß auch diese Boote gegenüber reinen Schwertbooten mit Erfolgaussichten starten können. Es ist sowohl Innenballast wie Außenballast möglich, dabei ist der Tiefgang auf höchstens 70 cm beschränkt geblieben, wobei aber grundsätzlich die Unsinkbarkeit der Boote dadurch gewährleistet bleibt, daß für jedes Material, das schwerer ist als Wasser, ein Ausgleich durch Luftkästen vorgeschrieben ist.

Es ist also möglich, für die Ansprüche von Küsten- und Seeseglern in diesen Klassen Boote zu bauen, die durch eine erhebliche Beballastung einen für ihre Zwecke wünschenswerten größeren Verdrang erhalten, während gleichzeitig jede beliebige Form, auch die Spitzgattform, zugelassen ist.

Die Bauvorschriften bedingen die für solche Wanderboote unbedingt erforderliche starke Ausführung. Wichtig ist, daß auch Scharpies und Klinkerbau ausdrücklich zugelassen sind und daß Klinkerbau sogar dadurch einen Vorteil erfährt, daß die Planken bei dieser Bauart leichter gehalten werden können. Im allgemeinen zeigen auch die Bauvorschriften das Bestreben, dem Konstrukteur möglichste Freiheit zu lassen.

Der Deutsche Segler-Bund, der ja das Erbe des Kleinsegler-Verbandes angetreten hat, hat nunmehr die Pflege der Jollenkreuzer-Klassen übernommen.

3. Die Kieljacht

a) Das Wesen des Kielboots.

Abermals ein Kapitel für Anfänger.

Das Charakteristikum der Segeljacht ist der an einem langen Hebelarm, dem Kiel, befestigte Blei- oder auch Eisenballast.

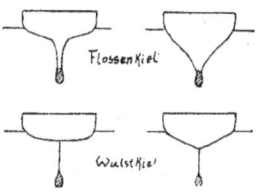

Abb. 73. Flossenkiel und Wulstkiel.

Je tiefer ich ihn lagern kann und lagere, um so besser für die Stabilität und cum grano salis auch für die Schnelligkeit der Jacht. Abb. 73 zeigt die beiden Möglichkeiten der Ballastbefestigung, die im modernen Sportjachtbau beide vorkommen, allerdings mit besonderer Bevorzugung der oberen Art, des sog. Flossenkiels. Bei der unten dargestellten Art, dem Wulstkiel, ist das Blei in einer zigarrenförmigen Walze, dem Wulst, unten an eine eiserne oder bronzene Kielplatte angesetzt und mit ihr verbunden. Es ist dies die einfachste Möglichkeit, den Ballast ganz tief zu lagern. Der Nachteil besteht vielleicht in einer ungünstigeren Verdrängungsform — doch sind sich hierüber die Gelehrten, sind sich Theorie und Praxis noch nicht ganz einig, denn der Wulstkiel wird auch für Rennjachten noch immer, und zum Teil mit Erfolg, probiert.

Bei dem Flossenkiel wird das Blei oder Eisen als Platte geformt, die sich in ihrer Form durchaus harmonisch der darüber liegenden Holzplatte anpaßt, und durch lange Bolzen, die innerhalb der Holzflosse hindurchlaufen, mit dem eigentlichen Schiffskörper verbunden.

In Abb. 73 ist der Kieltyp jedesmal für zwei verschiedene Querschnitte skizziert, für ein U- und für ein V-Spant. Bei einem flachgehenden Schwertboot kann ich das Spant, auch wenn ich es ganz V-förmig gestalte, doch nur bis zu einem sehr geringen Tiefgang herunterziehen und erhalte dadurch ein rankes, besonders für leichtes Wetter geeignetes Boot. Beim Kielboot liegt die Sache nun wesentlich anders, und ich erhalte, wenn ich das Spant herunterziehe, ein Boot, bei dem sehr viel von seinem Fleisch im Wasser liegt, das sich also nicht so flink hin- und herbewegen kann wie bei einem U-Spant, — kurz, ich erhalte gewisse Vorteile, die einem Seeboot zugute kommen.

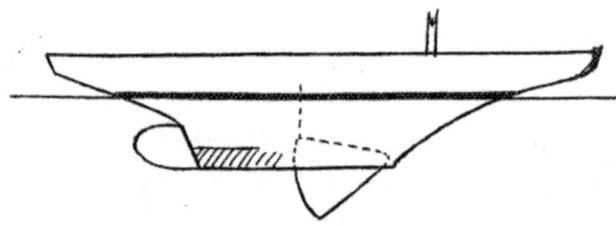

Abb. 74. Kielschwertjacht.

Der tief gelagerte Ballast bringt es mit sich, daß ein Kielboot unkenterbar ist. Mittelgroße Kieljachten, etwa bis zu 50 qm, können schon bei einem Tiefgang von 60—80 cm unkenterbar gestaltet werden, natürlich gehört dann mehr Blei dazu, als wenn man etwa 1,20 m tief gehen kann. Aber für unsere Binnengewässer ist ja ein zu großer Tiefgang durchaus unerwünscht; 1,20 m bildet schon für schöne und ausgedehnte Kreuzfahrten die alleräußerste Grenze.

Ein zu flacher Kiel genügt aber nicht den Anforderungen, die am Wind gestellt werden, weil gerade die tiefliegenden Teile des Schwertes wie des Kiels, die in unbewegtes Wasser hineinreichen, die eigentlich wirksamen Verhinderer der Abtrift sind. Wenn man also mit dem Kieltiefgang auf etwa 60 cm hinabgehen will, so muß man zum Einbau eines Schwertes greifen und erhält dann den Typ der Kielschwertjacht, wie ihn Abb. 74 zeigt.

Auch Kielschwertjachten können natürlich unkenterbar sein, wenn der Kiel selbst so viel Tiefgang besitzt, daß der Ballast entsprechend tief gelagert werden kann. Jedenfalls mag auch an dieser Stelle aufs nachdrücklichste darauf hingewiesen sein, daß ein Boot unsinkbar oder unkenterbar sein muß. Kann ich

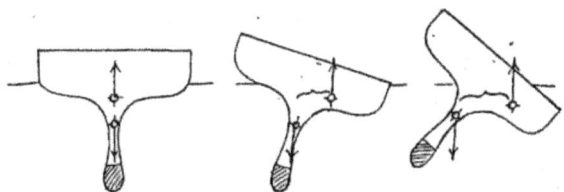

Abb. 75. Unkenterbar.

die Unkenterbarkeit nicht erreichen, so muß ich durch Einbau wasserdichter Räume (Luftkästen) bei einem geballasteten Boot für Unsinkbarkeit sorgen, d. h. ich muß für jedes Kilo Ballast ein Liter Luftraum haben.

Ein Boot ist unkenterbar, wenn es mit Mannschaft um 90° gekrängt werden kann, ohne zu kentern. Das ist nur möglich, wenn der Systemschwerpunkt unter dem Deplacementsschwerpunkt liegt, denn in diesem Falle wird der Hebelarm der Stabilität bei zunehmender Krängung gleichmäßig größer — er erreicht nicht, wie bei Schwertbooten, einen Höhepunkt vor der Neigung um 90°, um dann wieder kleiner und schließlich gar negativ zu werden.

Die Unkenterbarkeit allein ist allerdings noch keine absolut sichere Gewähr, wie der glücklicherweise sehr seltene Fall des Volllaufens von Kieljachten zeigt. Will man auch hierin ganz sicher gehen, so muß man eine wasserdichte und selbstlenzende (d. h. sich selbst entleerende) Plicht einbauen. Sie wird durch verzinktes Eisenblech gegen das ganze Boot abgeschottet, so daß kein Tropfen aus dem Sitzraum, der Plicht, dem Kokpit, in

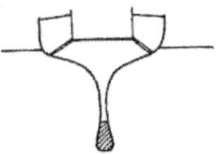

Abb. 76. Selbstlenzend.

den eigentlichen Bootsrumpf laufen kann. Damit ist schon ein Sinken überhaupt unmöglich, denn die Wassermasse in der Plicht bringt das noch längst nicht fertig. Um aber nun das Wasser von selbst herauszubekommen, legt man den Fußboden des Kokpits über die Wasserlinie und führt Ventilrohre von hier aus nach außen, durch die das Wasser von selbst abfließt.

So erhält man ein absolut seetüchtiges Boot, das auch draußen jedem Wetter und jeder Welle gewachsen ist, wenn es nicht in Trümmer geschlagen wird. Denn der Wind bringt es nicht zum Kentern und das Wasser nicht zum Vollaufen und Sinken.

Wir sprachen schon davon, daß ein Boot um so ruhiger segeln wird, je völliger es im Wasser liegt. Die Wendigkeit und Lebendigkeit unserer Schwertboote, ihr Auf-dem-Teller-Drehen beruht nur auf dem kurz zusammengeholten Lateralplan, der durch keinerlei hochkantstehenden Kiel oder sog. Totholz mehr verlängert wird. Bei Kieljachten kann man diese Zusammenziehung des Lateralplans nun dadurch noch weitertreiben, daß man auch das Ruder unmittelbar an die schmale schwertähnlich gestaltete Flosse setzt. Auf diese Weise erhält man jenen Rennboottyp, von dem sogleich noch die Rede sein wird, der an Quecksilbrigkeit die modernen Jollen noch übertrifft, Boote, bei denen man natürlich keinen Augenblick das Ruder loslassen kann. Eine solche Lebendigkeit ist für Wanderjachten durchaus unerwünscht, hier wählt man daher den in Abb. 74 und 77 oben dargestellten langgezogenen Lateralplan, der eine ruhige Gangart des Schiffes gewährleistet.

Abb. 77. Turenkreuzer (Kielschwertjacht) auf dem Slip.

Abb. 78. Eine der letzten Sonderklassenjachten (Hecht).

b) Das Nachmittagsboot.

Die Rennjacht kleiner Abmessungen pflegt man neuerdings gern als Nachmittagsboot zu bezeichnen — im Gegensatz zum Kreuzer, der durch seinen Kajüteinbau längere Fahrten gestatten soll. Zu diesen Booten würden folgerichtig auch die kleineren internationalen Rennklassen gehören, die aber im Kreise ihrer größeren Brüder für sich behandelt werden sollen. Von Klassenbooten gehören demnach hierher als größte Vertreter die Jachten der Sonderklasse, dann die 30 qm-Boote des Deutschen Segler-Verbandes und des Deutschen Segler-Bundes und endlich als kleinste die 20 qm-Kielklasse des Berliner Kleinsegler-Verbandes. Schweden geht mit diesen Jachten bis auf 15 qm hinunter.

Gemeinsam ist allen diesen Booten die Vorschrift des Kiels, also die Unkenterbarkeit, und die Beschränkung auf eine (meist kleine) Plicht ohne Kajüteinbau. Im übrigen sind die Bootstypen, die durch die einzelnen Klassenvorschriften gezüchtet werden sollen, bzw. gezüchtet werden, so mannigfaltig wie nur irgend möglich.

Abb. 79. 30 qm-Boote.

Die Sonderklasse, deren Bestimmungen die Länge der CWL beschränken, war einst die beliebteste deutsche Rennklasse. Erst als der Sieg der Amerikaner 1911 in den damals begonnenen Herausforderungskämpfen eine ganz unerwartete Entwicklung zum Prahm brachte, sank die Beliebtheit und Baufreudigkeit in dieser Klasse sehr schnell herab. Das Fortbestehen der Klasse, das bereits bei der Einführung des internationalen Meßverfahrens 1906 in Frage gestellt war, ist aufs neue ernstlich gefährdet. Ob dies einen Ver-

Abb. 80. 20 qm-Kielboot.

lust für unseren Sport bedeuten würde, ist freilich mehr als fraglich, da wir sie wohl durch eine unseren Bedürfnissen besser entsprechende Rennklasse ersetzen könnten.

Einen Versuch in dieser Richtung bedeutete bereits die Schaffung des 30 qm-Bootes im Deutschen Segler-Verband. Daß er geglückt ist, kann man nicht sagen, denn die allzu große Einengung der Konstruktionsfreiheit in dieser Klasse hat das entgegengesetzte Extrem gezeigt wie in der Sonderklasse. Augenblicklich erfreuen sich diese Boote, die bei rund 8—9 m Länge 1,80 m breit sind und einen Tiefgang von 1,10 m besitzen, zweifellos einer großen Beliebtheit. Aber man trägt sich bereits mit dem Gedanken einer Auflockerung der allzu eng gefaßten Vorschriften.

Das 20 qm-Boot des B. K. V. gibt größere konstruktive Freiheit im Rahmen eines Prahm-Verbots, zu dem offenbar die Spuren der Sonderklasse geführt haben.

c) Die Rennjacht.

Die Geschichte der deutschen Rennjacht ist die Geschichte der sog. Meßformel. Wir haben dieses Schmerzenskind des internationalen und besonders des deutschen Rennsegelsports bereits erwähnt. Der Gedanke der Meßformel ist historisch so zu begreifen, daß eben das Boot früher da war als die Wettfahrt, d. h. daß die ersten Wettfahrten mit dem vorhandenen, so verschiedengestaltigen und verschiedenwertigen Bootsmaterial rechnen mußten. Da war eine Vermessungsformel und eine sich darauf aufbauende „Vergütung" der Rettungsanker, der die Veranstaltung von Regatten überhaupt ermöglichte. Und nach dem Gesetze der Tradition ist dann die Meßformel als eine Selbstverständlichkeit beibehalten worden, auch als man schon längst die Formel nicht mehr nach den vorhandenen Booten machte, sondern die Jachten nach der bestehenden Formel baute.

Es war bei dieser Sachlage selbstverständlich, daß die Formeln mit der zunehmenden Entwicklung des Sportes immer komplizierter und für den Laien unverständlicher und mystischer wurden. Bis zum Jahre 1894 maß man im Binnenlande die Jachten noch treu und bieder nach dem einfachen Produkt aus Länge und Breite in der Wasserlinie, während man für die See das Deplacement zugrunde legte. Das Jahr 1894 brachte dann die Einigung der bis dahin feindlichen Brüder von binnen und See unter Zugrundelegung der sog. Benzonschen Formel, die schon ein richtiges Formelungetüm war. Der Rennwert wurde festgestellt nach dem Quotienten $\frac{L \cdot P \cdot (L + \sqrt{S})}{150}$, worin L die Wasserlinienlänge und S die Segelfläche bedeutete, während P gefunden wurde durch die Addition des größten Umfangs des Unterwasserschiffs und $\frac{B + BWL}{2}$.

Von da an war kein Halten mehr. 1898 brachte die sog. Segellängenformel und 1906 die erste international vereinbarte R-Formel

$$R = \frac{1}{2} \cdot \left(L + B + \frac{1}{2}G + 3d + \frac{1}{3}\sqrt{S} - F\right),$$ wobei jeder einzelne Faktor, namentlich der Schmiegenumfang G und die Umfangsdifferenz d,

Abb. 81. 6 m-R-Jacht.

wieder das Ergebnis mehrfacher Messungen und Berechnungen war. Man hat inzwischen an dieser Formel herumzubessern versucht, natürlich ohne einen positiven Erfolg, wie dies in der Natur der Sache liegt. Der Segelsport ist eben über das Formelwesen hinausgewachsen und verlangt nach klaren Klassenvorschriften, wie dies bei allen nationalen Klassen in Deutschland und in den skandinavischen Ländern nun zum selbstverständlichen Prinzip erhoben worden ist.

Wir können uns daher über das Kapitel R-Jachten bereits in gewissem Sinne historisch äußern, wenn auch die Vertreter

Abb. 82. 35 qm-Kreuzer.

dieses Meßverfahrens noch immer startberechtigt sind. Der Name R-Jacht stammt natürlich von dem R, dem Rennwert, nach dem die Jachten eingeteilt wurden. Im allgemeinen kann man als Regel annehmen, daß die mystische R-Größe etwa gleich der Wasserlinienlänge der betreffenden Jacht ist. Da die Überhänge bei kleineren Jachten dieses Meßverfahrens insgesamt etwa die Hälfte der Wasserlinienlänge ausmachen, so kommen wir also beispielsweise für 6 m-R-Jachten auf rund 9 m Länge ü. A.

Mit den 8 m-R-Jachten beginnen diejenigen Klassen, bei denen ein Kajüteinbau vorgeschrieben ist. Sie leiten uns also bereits zu den Kreuzerjachten über.

d) Der Kreuzer.

Der Kreuzer als Klassenboot ist seit jeher bei uns in Deutschland ausgesprochen beliebt gewesen. Das erkannte man am besten in jenen Jahren, in denen der „Segellängenkreuzer" zum alten Eisen geworfen war, ohne daß das neue Meßverfahren kleine Kreuzer als Ersatz dafür geschaffen hatte.*) Die Sehnsucht nach

---

*) Die Kajüte war zwar nicht verboten, aber doch dadurch, daß sie nicht verlangt war, in der Tat unmöglich gemacht. Denn ein Kajütboot ist durch seine Ein- und Aufbauten so viel schwerer im Rumpf und bietet so viel mehr Windwiderstand, daß es unter sonst gleichen Bedingungen nicht mit kajütlosen Jachten konkurrieren kann.

Abb. 83. 45 qm-Kreuzer.

dem kleinen Klassenkreuzer war damals gleichsam eherner Bestandteil aller Artikel, die sich mit Vermessungs- und Klassenfragen beschäftigten. Der Erfolg war schließlich die Schaffung der sog. nationalen Kreuzerklassen: zunächst des 45 qm- (Binnen-) Kreuzers und des 75 qm- (See-) Kreuzers, denen sich dann 1914 der 35 qm-Kreuzer anschloß. Inzwischen hatte auch der Berliner Kleinsegler-Verband einen 30 qm-Kreuzer geschaffen, der ausgesprochenermaßen

Abb. 84. 75 qm-Kreuzer. (Stark gerefft auf See.)

Abb. 85. 125 qm-Kreuzer.

den Turenbootscharakter wesentlich stärker als der Fünfunddreißiger des D. S. V. und selbst noch stärker als der Fünfundvierziger betonen sollte. Die beiden großen Kreuzer des D. S. V. dürfen aber ebenso wie die neuen Kreuzer des Deutschen Segler-Bundes als wirklich brauchbare Boote trotz ihrer Doppelstellung als Turen- und Rennboot angesprochen werden.

Sie können natürlich an Bequemlichkeit und eigentlichen Tureneigenschaften nicht mit den Kreuzern in Wettbewerb treten, die ohne Rücksicht auf Klassenzugehörigkeit lediglich als Wanderboote gebaut sind. Seit der Wandersegelsport sich von der Rennsegelei in Deutschland freigemacht hat und sich seines eigenen Wertes bewußt geworden ist, haben wir eine große Zahl vorzüglicher Kreuzer sowohl für binnen als auch für Küste und See bekommen. Das Interesse der Konstrukteure hat sich nun auch diesem bisher allzu sehr vernachlässigten Zweig unseres Sportes zugewandt, zumal ein großer Teil der Erfahrungen, die der Rennsegelsport im letzten Jahrzehnt gemacht hat, ohne weiteres auch für den Turensport ausgewertet werden können.

Leider liegen in unserem Sport ja die Dinge so, daß der Besitz einer eigenen Kreuzerjacht, womöglich für längere Seetörns, für 99% aller Segler einer jener Träume bleibt, von denen wir am Eingang dieser Ausführungen sprachen. Was aber allerdings nicht hindert, daß gerade diese Segler mit besonderem theoretischen Interesse, mit einer Art platonischer Liebe Linien und Einrichtungspläne aller veröffentlichten Kreuzerjachten verfolgen und aus dem Vergleich ihr Idealbild ableiten. Auch die erträumten Kreuzer sind ganz individuell nach den Wünschen des Bestellers gestaltet — vielleicht noch individueller als die tatsächlich gebauten.

Abb. 86. Moderner Turenkreuzer.